Francisco de Rojas Zorrilla

Lo que quería ver el marqués de Villena

Barcelona **2024**
Linkgua-ediciones.com

Créditos

Título original: Lo que quería ver el marqués de Villena.

© 2024, Red ediciones S.L.

e-mail: info@linkgua.com

Diseño de cubierta: Red ediciones

ISBN tapa dura: 978-84-9953-622-4.
ISBN rústica: 978-84-9816-228-8.
ISBN ebook: 978-84-9897-773-8.

Sumario

Brevísima presentación

La vida

Francisco de Rojas Zorrilla (Toledo, 1607-Madrid, 1648). España.

Hijo de un militar toledano de origen judío, nació el 4 de octubre de 1607. Estudió en Salamanca y luego se trasladó a Madrid, donde vivió el resto de su vida. Fue uno de los poetas más encumbrados de la corte de Felipe IV. Y en 1645 obtuvo, por intervención del rey, el hábito de Santiago.

Empezó a escribir en 1632, junto a Pérez Montalbán y Calderón de la Barca, la tragedia El monstruo de la fortuna. Más tarde colaboró también con Vélez de Guevara, Mira de Amescua y otros autores.

Felipe IV protegió a Rojas y pronto las comedias de éste fueron a palacio; su sátira contra sus colegas fue tan dura al parecer que alguno de los ofendidos o algún matón a sueldo le dio varias cuchilladas que casi lo matan. En 1640, y para el estreno de un nuevo teatro construido con todo lujo, compuso por encargo la comedia *Los bandos de Verona*. El monarca, satisfecho con el dramaturgo, se empeñó en concederle el hábito de Santiago: las primeras informaciones no probaron ni su hidalguía ni su limpieza de sangre, antes bien, la empañaron; pero una segunda investigación que tuvo por escribano a Quevedo, mereció el placer y fue confirmado en el hábito (1643). En 1644, desolado el monarca por la muerte de su esposa Isabel de Borbón y poco más tarde por la de su hijo, ordenó clausurar los teatros, que no se abrirían ya en vida de Rojas Zorrilla, muerto en Madrid el 23 de enero de 1648.

Personajes

Doña Juana de Madrid, vestida de estudiante
El doctor don Pedro Bermúdez, estudiante
El licenciado Cetina, estudiante
Estudiantes castellanos viejos
Estudiantes manchegos
El licenciado Obregón, estudiante
Serafina, dama
Julia, criada
Fileno, mágico
El marqués de Villena don Enrique
Zambapalo, estudiante gorrón
Un Criado
Músicos
Alguaciles de escuelas
Un Pastelero
El Juez del estudio
Dos porteros
Un Valiente
Bravo
Carrasco

Jornada primera

(Salen el licenciado Cetina y estudiantes castellanos viejos, con espadas y broqueles, de noche.)

Cetina	¡Vítor el dotor Bermúdez!
Estudiante I	¡Vítor Campos!
Estudiante II	¡Vítor Campos!
Estudiante III	¡Campos Vítor!
Todos	¡Tor, vítor!
Cetina	¡Vítor Ayllon!
Estudiante I	Lugarazo es de Castilla la Vieja; de mal vino, pero caro.
Estudiante II	Linda noche.
Cetina	En Salamanca, y en invierno, de milagro hace buena noche.
Estudiante III	Y más para quien no tiene lado.
Voces (Dentro.)	¡Vítor Mancha!
Estudiante II	¡Mancha vítor!

Cetina	Señores, por el Mercado viene la Mancha.
Estudiante II	A ajos huele.
Estudiante I	Y a vino tinto.
Cetina	Y no malo.
Voces (Dentro.)	¡Vítor san Clemente!
Estudiante I	Este era el que olía.
Todos	¡Vítor Campos!
Cetina	¡Vítor Madrid!
Estudiante II	Madrid no es Mancha.
Cetina	Señor Licenciado, aquí en Salamanca es Mancha desde Guadarrama abajo. ¡Vítor Bermúdez!
Todos	¡Bermúdez revítor!
Cetina	Ya hemos llegado a su ventana.
Todos	¡Tor! ¡tor!

Cetina	Quedo, que si no me engaño,
	nuestro opositor parece
	que a aquel balcón se ha asomado.

| Todos | ¡Vítor don Pedro Bermúdez! |

(Asómase don Pedro Bermúdez a la ventana.)

Bermúdez	Y el que con tan noble amparo,
	aunque infeliz, vencer piensa
	la influencia de los astros.
	Pero, ¿quién sois, porque yo,
	puesto que me habéis honrado,
	pueda ser agradecido?

Cetina	Todos somos castellanos
	viejos, sin mezcla ninguna
	de gallego.

| Bermúdez | Y mis paisanos |
| | sois todos. |

| Cetina | Y que han de dalle |
| | la cátedra. |

Bermúdez	Y cuando acaso
	la cátedra no consiga,
	por lo menos he granjeado
	que no pueda la fortuna
	quitarme vuestros aplausos.

Cetina	Yo soy su hacedor, y sepa,
	que no hay ninguno de cuantos
	vienen conmigo, que no

ponga su voto en mis manos.
Todos han de ser sus votos,
y sus reniegos si acaso
pierde la cátedra; y juro,
que si cualquier castellano
negare a vuesamerced,
que haber puede alguno calvo,
ha de hacer Campos con él
cosas que le haga hacer campos,
y aunque el Marqués de Villena
y todos los de su bando,
quieran que el dotor Madrid
con su cara fondo en raso
lleve la cátedra, siendo,
como se ve, graduado
por Capadocia dotor,
que solamente en el rastro
de Madrid habrá de ser
mejor visto por castrado.

Bermúdez   Los votos son de justicia.

Cetina   Y costas, si de contado
                    se nos da la colación
                    que se busca en tales casos.

Bermúdez   Aquí está ya prevenida.

Estudiante I   Pues váyala ucé dejando
                    caer.

Bermúdez   Treinta papelones
                    hay de a libra, porque a tantos
                    beneficios mal podían

12

mis cortedades pagaros.

(Echa papeles de confitura.)

Esta es la colación.

Voces (Dentro.)   Deste beneficio estamos
borrachos, señor Dotor.

Bermúdez   ¿Qué dice?

Cetina (Tienta los papeles.)
Que aquí hay engaños.
Estos papelones tienen
tres cuarterones escasos.

Bermúdez   Seor licenciado Cetina
así los trujo un criado
de la tienda

Cetina   Señor mío,
yo conozco por el tacto
y por el peso lo que hay;
y sepa, que estoy cursado
en esta materia, y suelo,
a la dama que más amo,
quitando a cada papel
un cuarterón, y dejando
el papel largo y angosto,
darla tres libras por cuatro.

(Échale otras dos, y a los demás.)

Bermúdez   Accipe alia duo.

13

Cetina	Accipio.
Bermúdez	Y tengan todos.
Estudiante I	Teneamus; ¡El Dotor tres cuarterones vítor!
Bermúdez	Óyeme usted.
Cetina	Audio.
Bermúdez	Mañana he de tomar puntos.
Cetina	Yo los tomo cada rato.
Bermúdez	Y otro día he de leer.
Cetina	Lea usted conciso y claro, y si la cátedra lleva diremos los castellanos...
Bermúdez	Decid, ¿qué?
Todos	¡Vítor Bermúdez!
Bermúdez	Y yo, si me habéis honrado, podré decir, ¡Campos vítor!
Todos	¡Campos vítor! ¡vítor Campos!

(Vanse.)

(Salen Zambapalo y estudiantes manchegos, y el licenciado Obregón, de noche, con escopetas.)

Estudiante I	¡Vítor la Mancha! ¡Tor, tor!

Estudiante II   ¡Revítor Madrid!

Zambapalo   A ratos.

Estudiante I   ¿Quién habla mal de Madrid
la patria de ingenios tantos
cuyos valerosos hijos
son leones castellanos?

Zambapalo   Lo que es leones, hay muchos,
pero de las diez abajo.

Obregón   No me hablen mal de Madrid.

Zambapalo   Si no saben alabarlo.

Obregón   ¿Qué hay en él que sea mejor?

Zambapalo   ¿Qué es lo que hay, seor Licenciado?
la ropería de viejo,
donde si uno va a buscarlos,
le venden de otra manera
los calzones que le hurtaron.
Hay la puerta de la cárcel,
donde se halla todo trasto;
que un hombre busque la jaula,
quebrados todos los arcos,
la mesa con un pie menos,
la silla con solo un brazo,

15

la manga sin compañera,
el tahalí de otros cabos,
sin ruedas un carretón,
y una espada sin recazo;
la ropilla sin calzones,
canta con llave y sin clavos;
una ballesta sin nuez,
un candil sin garabato,
un broquel sin cazoleta,
un almirez y sin mano,
un baúl sin cerradura,
un reloj desconcertado,
libro sin principio y fin,
una pintura sin marco;
que esto aderezarlo cuesta
un tercio más que comprallo.
Hay en la corte también...

Obregón   Licenciado Zambapalo,
déjelo por vida suya.

Zambapalo   Con esto no más acabo:
hay en la corte también
amoladores gabachos
que destruyen los cuchillos
no más de con amolarlos.

Obregón   ¿Pues con qué intención los echan
a perder?

Zambapalo   Esto está claro:
los franceses de Madrid
van horros para engañarnos;
unos los amuelan, y otros

los venden: que han concertado
que éstos a perder los echen
porque esotros vendan caro.

Estudiante I ¡Vítor el dotor Madrid!

Obregón Esperad, que hemos llegado
de Serafina a la puerta.

Zambapalo Démosla un vítor, contando
sus gracias.

Obregón Si han de ser todas,
no habrá tiempo para tanto.

Zambapalo ¡Vítor Serafina!

Todos ¡Vítor!

Obregón Con quien son Bartulo y Baldo,
Felino, Abac y Jasón,
y Menochic unos barbados.

Zambapalo No hay en Salamanca dama
de iguales partes.

Obregón Ha dado
el de Villena en pasearla;
mas no la alcanzará.

Zambapalo Al casco.

Todos ¡Vítor! itor!

Obregón	¡Sus ojos vítor! Que parecen tanto cuanto a los ojos de la puente de Madrid.
Zambapalo	Eso no alcanzo; ¿a la puente segoviana en qué los has comparado? ¿No responde en qué?
Obregón	En ser grandes y en estar desocupados.
Estudiante I	¡Vítor! itor!
Zambapalo	¡Vítor sus dientes! que en lo iguales y en lo blanco, para impotentes de amor son piñoncitos mondados.
Todos	¡Vítor! itor!
Zambapalo	¡Tor Serafina!

(Sale Julia, criada, a la ventana.)

Obregón	A la ventana ha llegado una criada.
Zambapalo	Ancilla es.
Julia	Eus escholastici.
Obregón	Gaudeo.

Zambapalo	¿Quid vis?
Julia	Volo.
Obregón	Deshonesta, ¿Qué es eso de volo?
Zambapalo	Palo.
Julia	Volo loqui.
Obregón	¿Latín sabes, Julianilla?
Julia	Yo he cursado todas las clases.
Zambapalo	Sí creo.
Julia	Cuando doncella, estudiando en remínimas, despúes subí en el arte un grado; y en mínimas estudié, en menores de allí a un rato; luego en medianos.
Zambapalo	Harto es, que te quisiesen medianos.
Julia	Luego en mayores: en ellas viví con grande regalo; y ahora retórica estudio para pedir.

Zambapalo	Lo has errado;
	no importa que hablar no sepas
	pulido, como hables claro.
Obregón	¿Y después, qué ciencia quieres
	estudiar?
Julia	Artes, que hoy hallo,
	que la más hermosa dama,
	sin arte, no vale un cuarto.
Zambapalo	¿Y después?
Julia	Astrología.
Zambapalo	Di, ¿para qué?
Julia	¿No está claro?
	Para levantar figuras.
Zambapalo	Eso suele valer algo.
Julia	Mi señora Serafina,
	mancheguísimos hidalgos,
	a todos, desde su cama,
	os envía mil recados;
	y para mañana a todos
	os convida, que ha trazado
	de ciencias una academia,
	y hoy ha convidado a cuantos
	sujetos en Salamanca
	tiene la escuela aprobados;
	y los estudiantes quiere

que sean oyentes, logrando
hacer más festivo el día
con la honra de vuestro aplauso.

Obregón   ¿Y tú has de estar en la fiesta?

Julia   Fiesta donde hay hombres tantos,
para mí no es de perder.

Zambapalo   Gran día, si haces barato.

Voces (Dentro.)   ¡Vítor Campos!

Zambapalo   ¡Mancha Vítor!

Campesinos (Dentro.)
¡Cola Mancha!

Obregón   Licenciado
campesino. ¡Campos cola!

Cetina (Dentro.)   ¡Mientes!

Obregón   Yo te doy de palos.

(Salen Cetina y estudiantes campesinos, y andan a cuchilladas con los manchegos.)

Cetina   ¿Quién dijo palos aquí?

Obregón   Aquí nadie.

Julia   Aquí hay porrazos.

(Vase.)

Obregón	Yo lo dije.

Cetina
      Pues si él
lo dijo, haga luego un acto
de contrición...

Obregón   Esto es hecho.

(Saca una pistola Cetina, y pónese Obregón detrás de Zambapalo.)

Cetina   Porque quiero despacharlo.

Obregón   ¿Pistolitas para mí
sabiendo que no me espanto
de tiros de artillería?

Cetina   Pues morirás.

Zambapalo   Tenga mano.

Obregón   ¿Oyes? tira y no me yerres.

Zambapalo   No tire, seor licenciado
Cetina.

Obregón   Acaba, dispara,
que cara a cara te aguardo;
pero mira no me yerres.

Zambapalo   ¿Pues cómo puede acertarlo
estando detrás de mí?
Señor, ¿estamos borrachos?

No dispare vuesarcé,
que basta que yo disparo.

Obregón   Suelta la pistola.

Cetina   Ya
la suelto.

(Arrójala.)

Obregón   ¡Víctor Almagro

(Embisten a cuchilladas.)

y Valdestillas también!
¡Vítor, que lleva su ajo!

Cetina   ¡Vítor Carrión y sus condes!

Obregón   Cien leones se han soltado
para que esos condes huyan.

Cetina   Ellos sabrán azotaros,
porque sois unas Elviras
y unas doñas Soles.

(Huyen.)

Zambapalo   ¡Caldo
a los de Orgaz!

Bermúdez (Dentro.)   ¡Que se matan
los dos bandos!

(Sale un Estudiante con un hacha.)

Doña Juana (Dentro.)

¡Al Mercado!

Bermúdez (Dentro.)   ¡Por la Rua!

(Salen Bermúdez y doña Juana, vestida de estudiante.)

Doña Juana   Llegad todos;
señores manchegos, paso,
que soy el dotor Madrid.

Bermúdez   Tener, señores paisanos,
que soy el dotor Bermúdez.

Doña Juana   ¿Licenciado Obregón?

Obregón   Trato
de acabar con esta vieja
de Castilla.

Bermúdez   ¿Y vos?

Cetina   Yo ando
por sacaros esta mancha,
y no he de gastar un cuarto
en greda, que con almagre
ha de salir.

Estudiante   Verbum caro.

Doña Juana   Paz, señores.

Bermúdez	Ténganse.
Doña Juana	Óiganme ustedes.
Zambapalo	Audiamus.
Doña Juana	Caballeros, más importa que finos y apasionados aventuréis una gota de sangre por mí, que cuantos premios pueda la fortuna darme por vuestros aplausos.
Bermúdez	De la cátedra desisto, porque si habéis de arriesgaros a perder por mí las vidas, me sale el premio muy caro.
Cetina	¿Un capón ha de oponerse muy presumido y muy falso a la cátedra de Sexto?
Zambapalo	¿No le parece al picaño que en el Sexto leer puede la cátedra al más versado?

(Vuelven a embestirse.)

Doña Juana	Don Pedro Bermúdez es el que solo ha granjeado la cátedra por sus letras.
Bermúdez	El dotor Madrid, es llano, que por sus letras merece

más que otro en tan pocos años.

Doña Juana   Yo os suplico que os templéis.

Cetina   Señor dotor, en llegando
a hablarme así...

Obregón   Dese modo...

Cetina   Me convengo.

Obregón   Y yo me allano.

Bermúdez   Digo, señor don Alonso...

(Díceselo a Doña Juana)

que no sé cuál fijo astro
me obliga, aún más que me mueve,
a serviros y estimaros.
Yo he tenido amigos, yo
de tan fino me he preciado
con los que lo han sido míos,
que en esto solo aventajo
a los que en la edad pasada
fueron tema de los años.
Algo es más aqueste incendio
de aquel calor ordinario
con que la amistad estrecha
palabras, pero no lazos.
Este no hallarme sin vos
y este preciso adoraros,
más es que por vos, por mí,
también debí de ser algo.

Idos con Dios, y lograd
la cátedra, que aunque errado
contra vos me opongo, es
solo porque quiero daros
más triunfo en la oposición;
que tan contento me bailo
en ver que he de ser vencido
de vos solo, porque os amo,
que en el mismo vencimiento
parece que tengo el lauro.

Doña Juana   Señor don Pedro, agradezco
la fineza; mas no extraño
que me hagáis tantos favores,
que aunque vos me habéis honrado
más que al más íntimo amigo,
no me tiene más ufano
que me prefiráis a mí,
aunque otro os haya prendado,
porque aquel solo agradece
y yo solamente pago.
La cátedra es vuestra, que hoy
es vuestro ingenio, entre tantos,
el que por digno merece
repetidos los aplausos;
que aunque competido el mío
con el vuestro, no ha intentado
preferiros, que fue solo
porque es mi ingenio tan vano
que ha intentado la osadía
de querer aventajaros.

Bermúdez   ¿Queréis escucharme a solas
una palabra?

Doña Juana	Hablad.
Bermúdez	Ando con mis imaginaciones discurriendo.
Doña Juana	Habladme claro, proseguid.
Bermúdez	¿El corazón, qué oficio hace?
Doña Juana	Velando está como centinela dentro del pecho encerrado.
Bermúdez	¿Por dónde ve?
Doña Juana	Por los ojos, adonde registra el campo de los males y los bienes.
Bermúdez	¿Y si por ellos acaso no los viese?
Doña Juana	Hacia el oído sale también a escucharlos.
Bermúdez	¿Cómo avisa el corazón los males?
Doña Juana	Toca a rebato al alma, donde duplica

latidos desconcertados.

| Bermúdez | ¿Y un bien cómo nos le avisa? |

| Doña Juana | Con alegres sobresaltos
avisa dentro del pecho
ardientemente pulsando. |

Bermúdez

Pues no sé si el corazón
un bien o un mal me ha avisado,
centinela de la vida,
o al oíros o al miraros
pulsa el corazón, y creo
que es bien el que me ha guardado
la fortuna, cuando os ve
sobresaltarse, y reparo
que tiene indicios de mal
el mismo haberos mirado.
Parece bien, pero tiene
por mal el bien encerrado
la misma dificultad
que hay en él para alcanzarlo.
Pues sepa, si el mal es bien,
que estoy sintiendo y dudando,
pues de ver que el corazón
obra activo y teme tardo,
de dudarle y de creerle
me alegro y me sobresalto.

Doña Juana

No creáis al corazón,
porque aunque suele avisarnos
de los males y los bienes,
en avisos o en presagios
el corazón las más veces

nos engaña.

Bermúdez
            Eso no alcanzo.
¿De qué suerte?

Doña Juana
                Desta suerte:
¿no sucede de ordinario,
si en un caballo os ponéis,
que si tropieza el caballo
que el corazón crea el riesgo
sin que haya riesgo?

Bermúdez
                    Está claro.

Doña Juana
Pues ved como el corazón
os mintió. ¿No habéis pensado
tal vez que vais a reñir,
y luego, sobresaltando
el corazón a las venas,
pide socorros tan varios,
que hurtando la sangre el rostro,
se previene tan temprano,
que el riesgo que ha de venir
le tiene ya imaginado?

Bermúdez   Sí.

Doña Juana
    ¿Pues cómo el corazón
no os declara vuestro engaño?

Bermúdez   Decís bien.

Doña Juana
                Falta la vista,
flaquea el oído tanto,

30

que tiene por verdaderas
voces que se le antojaron.
Engáñase el gusto, y cree,
de la aprensión ayudado,
que es suavísimo néctar
el siempre acíbar amargo.
¿Y queréis que el corazón,
nada verdad, todo engaños,
sepa más que los sentidos?
Destos sí, podéis fiaros,
que ellos engañan tal vez,
y él está siempre engañando.

Bermúdez   Pues mienta o no el corazón,
                yo he de creerle.

Doña Juana   Engañaros
                puede el corazón.

Bermúdez   No puede,
                que a los ojos se ha asomado
                y a los oídos, y vos
                mismo estáis aconsejando
                que prefiera los sentidos.

Doña Juana   Lo que me toca es pagaros
                esa fe.

Bermúdez   Y a mí que dure
                firme como estos peñascos.

Doña Juana   Pues ea, amigos, decid.

Bermúdez   Ea, amigos, si obligaros

	puedo con mi amor, diréis...
Cetina	¿Qué me ordenas?
Estudiante	Ya esperamos.
Doña Juana	¡Vítor el doctor Bermúdez!
Manchegos	¡Vítor Bermúdez!
Bermúdez	Trocando los afectos, ¡Madrid viva!
Cetina	Basta ser tuyo el mandato.
Todos	¡Vítor el dotor Madrid!
Doña Juana	¿Licenciado Obregón?
Obregón	Adsum.
Doña Juana	Haced que todos me sigan.
Bermúdez	¿Oísme, Cetina?
Cetina	Audio.
Bermúdez	Todos os venid conmigo siguiéndome.
Cetina	Pues eamus.
Bermúdez	En casa de Serafina vais.

Doña Juana	Hoy me ha convidado a una academia.
Bermúdez	Y a mí; ¿allá iréis?
Doña Juana	Allá os aguardo.
Bermúdez	Repetid, ¡vítor Madrid!
Cetina	Eso es bueno para un rato.
Campesinos	¡Vítor Capadocia!
Todos	¡Vítor!
Obregón	¡Vítor Mancha!
Campesinos	¡Vítor Campos!
Doña Juana	Cielos, ¿si sabe quien soy don Pedro?
Bermúdez	Una duda amo.
Doña Juana	No me descubras, fortuna.
Bermúdez	Dejadme, vivos cuidados.

(Sale el Marqués y un Criado)

Criado	Esta es la casa.

Marqués	Esta es; cómo yo he llegado, dí.
Criado	¿Llamaré a la puerta?
Marqués	Sí.

(Sale Julia.)

Julia	¿Quién es quien llama?
Criado	El Marqués de Villena, mi señor.
Julia	Esperad un poco agora, mientras digo a mi Señora como estáis aquí.
Marqués	¡Ay amor!
Julia	Y en esotra sala entrad.

(Vase.)

Marqués	Lo que mandareis haré.
Criado	¿A qué te llama?
Marqués	No sé; háceme gran novedad que dama con quien no vale la fe con que la he obligado, a llamar me haya enviado.

Criado	¿Ahora lo sabes?
Marqués	Ya sale.

(Sale Serafina y Julia.)

Serafina

Por grosería tendréis
que me haya tardado.

Marqués

No;
que antes para veros yo
es menester que tardéis.

Serafina

No os entiendo.

Marqués

Es evidente,
que siempre se deslumbró
quien de la sombra salió
a ver el Sol de repente;
pues como preciso es
peligrar la vista, quiero
que haya alguna luz primero
para ver al Sol después.

Serafina

Ese ejemplo no es de aquí,
que ese gran padre del día
sale entre la sombra fría,
y a nadie ciega.

Marqués

Es ansí;
pero es el alba primera,
y la aurora rubia y clara,
que a los mortales cegara

si de repente saliera;
con el alba se previene
la vista y la admiración,
porque aquellas luces son
avisos de que el Sol viene;
a él os habéis parecido
en enviar vuestros despojos,
mejor les está a mis ojos
que vos me hayáis prevenido;
pues con aquel resplandor
que de vuestras luces sale,
no veros luego, me vale
que os vea después mejor.

Serafina   Aunque me está bien oíros
lisonjas que he de estimaros,
sabed, que por acendraros,
deseo contradeciros.
Grande es vuestro entendimiento.

Marqués   Que no me alabéis querría,
porque parece ironía
de vuestro aborrecimiento.
No me tratéis con engaño.

Serafina   Único sois en las ciencias,
dueño de las experiencias
sin la costa de los años.
Sois en la escuela el mayor
sujeto della, esto sé.

Marqués   Más sé que todos...

Serafina   ¿Por qué?

Marqués	Porque sé amaros mejor.
Serafina	No es ciencia amor, claro está; un bruto sabe querer.
Marqués	Pero saber conocer lo que se ama lo será. Por amar mi entendimiento con perfección noche y día cursé en la filosofía de vuestro conocimiento; luego me puse a estudiar en honra c ase mayor, las leves que pide amor para saber obligar. Luego con mayor desvelo la astrología estudié, por saber todo lo que hay dentro de vuestro cielo. Mas si no os he de alcanzar, mejor me está, Serafina, estudiar la medicina de saberos olvidar; pues si yo no he de aspirar a mereceros, llamarme fue para desengañarme.
Serafina	Hoy he querido juntar los sujetos de más partes que hay en la Universidad: día es de Navidad; mi inclinación a las artes tan grande es siempre, que quiero

	hoy una academia hacer
	en que vos habéis de ser,
	como en la escuela, el primero.
	Vos llevaréis la vitoria.

Marqués

Quienes en esta ocasión
sujeto de esa elección,
ya lo es de vuestra memoria;
si le merece mi pena,
premio a mi constancia dad.

Serafina

El amor quiere igualdad
sois el Marqués de Villena,
la que vuestra igual no es...

Marqués

¿Quién, Serafina, os iguala?

Julia

Gente viene.

Serafina

A esotra sala
os pasad, señor Marqués.

Marqués

¿A esta sala pasarán
los académicos?

Serafina

Sí.

Marqués

Pues ya obedezco; ¡ay de mí!

Serafina

¿Quién es?

Julia

El dotor Ciclan.

(Sale doña Juana.)

Doña Juana	Es quien quiere, Serafina
	si ya no es que os cause enojos,
	estudiar para los ojos
	rayos de esa luz divina;
	ciega a un tiempo, y a otro inclina,
	pues como en su oculto arder
	no se puede comprender
	la llama, vengo a estudiar,
	no como os he de adorar,
	sino como os he de ver.
Serafina	Mucho me estáis lisonjeando.
Doña Juana	Verdad del deseo es.
Serafina	En esa sala, el Marqués
	de Villena está aguardando.
Doña Juana	¡Ay de mí! el Marqués...
Serafina	¿Amando me estáis?
Doña Juana	Y sin penetrar
	la luz, la luz sé adorar;
	pero verla he menester.
Serafina	Pues yo me dejaré ver
	si vos me sabéis amar.
Doña Juana (Aparte.)	(Mal entiendes mis cuidados.)

Serafina	Felice soy desde ahora.
Julia	(¡Y que sea mi Señora amiga de desbarbados!)
Doña Juana	Favores tan declarados, sola mi fe pagará.

(Vase.)

Serafina	Yo me he declarado ya, afectos, no tan veloces.
Julia (Aparte.)	(¿Sabrá éste dar cuatro coces a una mujer? No sabrá.)

(Sale Bermúdez.)

Bermúdez	Yo he venido a obedeceros a esta academia, a ocasión que logre mi admiración oíros a un tiempo y veros.
Serafina	Mi cuidado agradeceros debe una y otra fineza.
Bermúdez	Ved mi admiración que empieza de ver que el entendimiento esté alguna vez contento de gozar a la belleza.
Serafina	Y el entendimiento...
Bermúdez	Hablad.

Serafina   ¿Sabréis vos por qué procura
                olvidar a la hermosura
                y querer a a fealdad?

Bermúdez   Es tanta su vanidad,
                que quiere una adoración
                singular; y así, la unión
                de la fealdad solicita,
                que la hermosura le quita
                parte de la estimación.
                Si el entendimiento veo
                que amar la beldad procura
                hace la mucha hermosura
                al entendimiento feo;
                si para mejor empleo
                ama la fealdad dichosa,
                la da luz tan misteriosa
                que como dél la luz nace
                el entendimiento hace
                que esté la fealdad hermosa.
                Pues como él cuando procura
                ver y amar con variedad,
                hermosea a la fealdad
                y a él le afea la hermosura;
                en la fealdad más segura
                su vanidad se percibe,
                que aunque desotra se prive,
                emplea su perfección
                adonde él da estimación
                y no donde la recibe.

(Salen Cetina, Obregón y estudiantes.)

Julia	Toda la Universidad a la academia ha venido; todo está ya prevenido; en esotra sala entrad. ¿Señor don Pedro?
Bermúdez	Esperad.

(Sale el Marqués y doña Juana y detiénenla entre los tres.)

Marqués	No os eclipséis, Sol, que llena de luz cielo y mar serena.
Doña Juana	Cayó amor.
Serafina	¡Estoy mortal!

(Tropieza.)

Bermúdez	Resbaló.
Marqués	Pie de cristal no ha de huir por el arena.
Serafina	Iba ciega; he tropezado.
Marqués	Si os mirabais, esto ha sido.
Bermúdez	El color habéis perdido.
Doña Juana	Pero ya le habéis cobrado.
Bermúdez	Bien al Sol he comparado peregrina esa belleza,

cuando a peligrar empieza
con la Luna su arrebol,
que cuando se eclipsa el Sol
es solo cuando tropieza.

Marqués   A ese río lisonjero
también os comparo yo,
al ver que el susto os dejó
más hermosa que primero;
tropieza de ir muy ligero
en la peña que ha estrechado
el margen que le ha guiado;
pero si se para, es
para correr más después
solo porque se ha parado.

Doña Juana   Otro ejemplo al vuestro igual
viene a ser la mar serena,
que en tropezando en la arena
más hermosea el cristal;
sois Luna a quien da caudal
nube que fue a escurecella,
o estrella que está más bella
si la turba el hielo frío;
vos Sol la llamáis, vos río,
yo la mar, Luna y estrella,

Julia   Bien el premio mereciera
ingenio tan superior.

Serafina   Aunque no fuera el mejor
a mí me lo pareciera.

Julia   Fileno el Mágico espera

licencia.

Serafina   Ya puede entrar.

(Salen Fileno y músicos.)

Fileno   Como me enviaste a avisar,
                  señora, te obedecí.

Serafina   ¿La música?

Músicos   Ya está aquí.

Julia   ¿La escuela?

Serafina   Ya puede entrar.

Marqués   Para mí ver la figura
                  del Mágico es gran deleite.

(Salen estudiantes manchegos y Zambapalo.)

Zambapalo   Aquí está la Mancha.

Julia   ¡Aceite!

(Salen estudiantes campesinos.)

Cetina   Campos está aquí.

Julia   ¡Basura!

Bermúdez   ¡Linda academia!

Doña Juana	Lucida;
	famosa tarde será.

Serafina	Para vuecelencia está
	esta silla prevenida.

(Una silla sola, un bufete, unos músicos detrás, los estudiantes a los lados.)

Julia	Ea, sentarse, señores.

Zambapalo	Ahora mi ingenio verán.

Obregón	¡Gran tarde!

Cetina	Juntos están
	nuestros dos opositores.

Serafina	Los señores licenciados
	se acomoden.

(Siéntanse.)

Obregón	Ya lo estoy.

Zambapalo	¿Pues hay licenciados hoy
	que no estén acomodados?

Serafina	Para que el intento acierte
	atentos podéis estar,
	porque se ha de celebrar
	la academia desta suerte.
	Yo propondré una cuestión
	o un problema.

Cetina	Bien está y así cada uno dirá su opinión.
Obregón	¡Linda opinión!
Serafina	La música ha de cantar un mote con cada asunto; luego sobre el mismo punto la escuela ha de sentenciar; y yo he de hacer un favor al que conformándose antes dijeren los estudiantes que ha discurrido mejor.
Cetina	Vaya la cuestión primera.
Zambapalo	La proposición es mía, sacando la Teología, que es la ciencia verdadera.
Cetina	Proseguid.
Zambapalo	¿Cuál ciencia, pues, para la conservación nuestra es la más útil?
Marqués	Son las leyes.
Serafina	¿Por qué?
Marqués	Porque es su ciencia Filosofía

moral, que el discurso inventa,
política que sustenta
una y otra monarquía;
porque tengamos quietud
leyes el mundo inventó,
y de las leyes nació
la justicia, que es virtud.
Que son un freno juzgad
contra la humana malicia,
que si no hubiera justicia
tampoco hubiera verdad.
De los hombres el rencor
contra los hombres templaron,
porque el castigo inventaron
y criaron el terror.
Luego bien ahora fundo,
sin que haya contradicción,
que solas las leyes son
las que conservan el mundo;
que es tanta su utilidad,
que sin ellas nuestro error
no consiguiera temor,
quietud, justicia y verdad.

Música (Cantan.)	Con las leyes el mundo más perdido está, que antes no había pleitos y agora los hay.
Serafina	Ea, don Pedro, proseguid.
Bermúdez	Digo, hermosa Serafina que es ciencia la Medicina la más útil.

Serafina	¿Cómo?
Bermúdez	Oíd:
	vos decís, señor Marqués...
Marqués	Hablad.
Bermúdez	Que las leyes son
	para la conservación
	de la república.
Marqués	Ansí es.
Bermúdez	Ella es un todo, a quien quiero
	de sus partes componer;
	todo no lo puede haber
	sin que haya partes primero.
Marqués	Decís bien, eso no puedo
	negar, que es demostración.
Bermúdez	Los hombres las partes son
	de aquese todo.
Marqués	Concedo.
Bermúdez	Pues si en las leyes se muestra
	que atiende su autoridad
	a sola la utilidad
	de la república nuestra;
	y si es, como se verá,
	la Medicina también
	para los hombres, sin quien

república faltará:
más útil, en cierto modo,
es que otras ciencias y artes,
porque ella es para las partes,
y esotras son para el todo.

Marqués

Las leyes unas verdades
son que debemos guardar,
y así es primero curar
ánimos, que enfermedades.

Bermúdez

Esa ciencia es evidencia
que por secreta virtud
dé ánimo, vida y salud
mas de las leyes la ciencia
muertes solo determina;
véase en castigos tantos
como disponen.

Marqués

        ¿Y a cuántos
ha muerto la Medicina?

Música

Ciencia es la Medicina
que a nadie daña;
los que usan mal della
son los que matan.

Marqués

Sigo la opinión contraria.

(Dan palmadas.)

Serafina

Dejadlo, señor Marqués.

Fileno

Digo que la magia es

	la ciencia más necesaria, más útil y más perfecta.
Bermúdez	Menos útil que ninguna.
Fileno	Digo que la magia es una filosofía perfecta, y es una ciencia evidente, que si el hombre la alcanzara, todo cuanto deseara consiguiera fácilmente; hacer que esté oscuro el día que mengüe el mar cuando crece, ven que a todos nos parece milagro, pues es magia.
Marqués	La magia está prohibida.
Fileno	La natural no lo está, la diabólica será la que lo es, porque no olvida.
Marqués	¿Ciencia alguna puede haber que esté secreta? eso no. ¿Quién sabe esa magia?
Fileno	Yo.
Marqués	Eso es lo que yo he de ver.
Fileno	Al mar producir verás rubias flores.
Marqués	Mucho fuera

eso si yo lo creyera;
pero yo quiero ver más.

Fileno   Un río que va corriendo
                  he de hacer retroceder.

Marqués   No es lo que quiero yo ver
                  eso solo.

Fileno   No os entiendo;
                  de un loco sabe mi ciencia
                  templar todo el frenesí.

Zambapalo   Haga eso, pues tiene en ti
                  en quien hacer la experiencia.

Fileno   Haré que seas solo quien
                  premios de amor mereciere:
                  dama que te aborreciere
                  haré que te quiera bien
                  y de ansias y afectos llena,
                  que en ti piense noche y día.

Música   Eso es lo que quería
                  ver el Marqués de Villena.

Marqués   Muy bien decís, claro está,
                  y solo porque eso hiciera
                  todo mi Estado le diera;
                  ni lo veré, ni él lo hará.

Fileno   En la magia todo cabe,
                  que es la más útil pensad.

Marqués	Donde está la utilidad, ¿qué es ciencia que no se sabe?

(Palmadas.)

Fileno	Contra.
Todos	Adelante, adelante.
Serafina	¿Qué es vuestra opinión?
Doña Juana	La mía es que es la Filosofía natural más importante; y que es, afirmo también, la ciencia más oportuna, ciencia es sin la que otra alguna no se puede adquirir bien; en la experiencia se ven el ejemplo desto ansí, médico nunca le vi sin que filósofo sea, si lo es con perfección; y sin la Filosofía, ¿quién sabe la Astrología por cierta demostración? Sin ella nadie se alabe que supo la Medicina, la Teología divina, sin ella nadie la sabe. A esta ciencia está sujeta la geográfica después, y vuestra magia, porque es filosofía secreta;

con ser arte la Poesía
filosofía contiene,
la Matemática tiene
natural filosofía;
luego ella sin diferencia
la más útil viene a ser,
pues no se puede saber
ninguna sin esta ciencia.

Todos   ¡Vítor!

Marqués   Que al reyes viene a ser
en la experiencia diría,
pues sin la Filosofía
pueden las leyes saber,
ciencia que el tiempo inventó,
que dispone y determina.

Doña Juana   Facultad y disciplina
son las leyes, ciencia no.

Bermúdez   Sin Filosofía vi
algún médico curar.

Doña Juana   Será acaso el acertar,
mas no saber.

Serafina   Es así.

Fileno   Que es parte de la magia
la ciencia tuya verás.

Doña Juana   La que sabemos no más
es nuestra filosofía.

Todos	¡Vítor Madrid!
Serafina	Ay amor, ¿quién lleva el premio, decid?
Todos	Prémiese al dotor Madrid, ¡el dotor Eunuco, tor!
Serafina	Por premio esta flor tomad.

(Dale Serafina una flor al doctor Madrid, que es doña Juana, y dásela al Marqués.)

Doña Juana	Aunque a mí me la deis, es quien la merece el Marqués.
Cetina	Sois un grosero.
Zambapalo	Es verdad.
Música	Quien te mira a la cara, ¿de qué se irrita? ¿Qué entienden los capones de groserías?
Doña Juana	Mi desmérito lo erró.
Serafina	Dadme la flor que os han dado.
Marqués	Aunque el asunto haya errado, eso no lo erraré yo; no la daré, porque ha estado en vuestra mano divina.

54

Doña Juana
(Aparte.)   (Porque fue de Serafina
                   me pesa habérsela dado.)

Serafina (Aparte.) (El ardor disimulad,
                    celos que en mi pecho crece.)

Bermúdez (Aparte.) (Mi conjetura parece
                    que va saliendo verdad.)

(Mira al doctor Madrid.)

Serafina (Aparte.) (Dél he de tomar venganza,
                    a otro he de hacer un favor.)

Marqués (Aparte.)   (¿Para qué es verde la flor,
                    si es flor de ajena esperanza?)

Música   Dejad la academia
                   de ciencias y ingenios,
                   que se ha vuelto palestra de amor
                   y certamen de celos.

Marqués   ¿No proseguís?

Serafina   A esto espero,
                   y para que fin se dé
                   un problema propondré.

Zambapalo   Con licencia, este primero.

Marqués   Zambapalo, dile pues,
                   pero sea alegre.

Zambapalo	Es, Señor,

Zambapalo   Es, Señor,
si pueden tener amor
los capones.

Marqués   Bueno es.

Julia   Dada está la solución
a la duda.

Zambapalo   ¿Cómo así,
Julianilla?

Julia   Como a mí
dos años me habló un capón;
¿velo?

Zambapalo   Todo eso es hablar.

Cetina   Que tienen amor se infiere,
de que mucho más se quiere
lo imposible de alcanzar;
que amar saben acredito.

Zambapalo   No concluye esa razón,
que aunque tienen privación
ninguno tiene apetito.

Cetina   Apetito tienen.

Zambapalo   Nego.

Cetina   Que el apetito, en rigor,
es un fuego interior,

	y ellos tienen este fuego.
Zambapalo	Pero no es fuego que pasa a encender.
Cetina	Si pasa tal, dentro tiene el pedernal el fuego, y a nadie abrasa; dél salen centellas bellas cuando el eslabón la ha herido.
Zambapalo	Y después que haya encendido, parará todo en centellas.
Serafina	Dé la razón, licenciado.
Zambapalo	O quedar por necio o ruin, el amor atiende al fin de conseguir lo deseado.
Cetina	A eso no hay que responder, valientemente propones.
Zambapalo	El amor de los capones buen fin no puede tener.
Julia	Yo concedo esa menor.
Zambapalo	Pues si no hay fin donde pare, luego cuando el fin faltare del amor, falta el amor.
Cetina	¿Qué importa si en ellos hay un alma con que a amar vienen?

Zambapalo	¿No ves que es la que ellos tienen el alma de Garibay? Y con ella ¿qué se alcanza después de haberla tenido?
Marqués	Eso es decir, que ha habido quien ame sin esperanza; sin ella ha sido mi amor de jerarquía más alta.
Zambapalo	A los capones les falta esperanza y posesión.
Serafina	No tener corazones con que amen, confesaría que no aman.
Zambapalo	Señora mía, ¿qué entiende usted de capones?
Cetina	Yo un capón con hijos vi.
Julia	Y también le he visto yo.
Música	Capón que los tenga, no: capón que los crea, sí.
Marqués	Esta cadena tomad por premio.

(Dale una cadena el Marqués a Zambapalo.)

Zambapalo	¡Santa cadena!

Solo el Marqués de Villena
da cadenas.

Todos   Es verdad.

Bermúdez   Vaya el problema adelante.

Serafina   Este el problema ha de ser:
¿cuál es más tormento, ver
muerta su dama un amante,
o ver, si amado se han,
que ella aborrezca a quien la ama?
¿O que olvide, o ver su dama
en poder de otro galán?

Doña Juana   Otra vez será importante,
volvémosle a proponer.

Serafina   ¿Cuál es más tormento, ver
muerta su dama un amante,
o ver, si amado se han,
que ella aborrezca a quien la ama?
¿O que olvide, o ver su dama
en poder de otro galán?

Bermúdez   Verla muerta, digo yo
que será el mayor tormento.

Marqués   Que es mayor tormento siento,
ver que aborrezca.

Serafina   Yo no;
verla que olvide, se infiere
que será el mayor dolor.

Doña Juana	Verla digo que es mayor,
	en poder de otro a quien quiere.
Fileno	Que no hay mal ninguno veo
	que al de los celos sea igual.
Bermúdez	¿Quieren ver que es mayor mal
	verla muerta?
Serafina	Eso deseo.
Bermúdez	Dama que olvidó, podía
	acordarse que me ha amado,
	y la que celos me ha dado
	puede volver a ser mía;
	dejándome yo engañar,
	la que llegué a aborrecer
	puede volver a querer,
	volviéndola yo a obligar;
	pero bien se ve que no
	volverá a satisfacerme
	a acordarse ni a quererme
	la dama que se murió;
	luego menos siente quien
	la ve, aunque la ve perdida,
	aunque aborrece, aunque olvida,
	y aunque da celos también.
Marqués	Mayor el tormento crece
	del que se ve aborrecer,
	que no hay muerte como ver
	quien ama a quien le aborrece;
	yo confieso que en muriendo

la dama, pierde a quien ama,
¿no es peor perder la dama,
y que le esté aborreciendo?
La que da celos también
más privilegiada quede,
que estando ofendiendo puede
dar celos y querer bien;
de la que olvida ofendida
ni aun será el tormento igual,
que aquella no quiere mal,
aunque se sabe que olvida;
luego más los desconsuelos
son del que está aborrecido,
pues llora muerte y olvido,
y odio y olvido dan celos.

Serafina   Aunque uno y otro he escuchado
lo contrario he de inferir,
porque más debe sentir
aquel que se ve obligado;
ni una memoria merece
el que padece un olvido,
pero del aborrecido
se acuerda quien le aborrece;
ya no estará tan crüel
quien se acuerda dél sin verle,
aunque para aborrecerle
sea el acordarse dél;
ver sus celos, yo diré
que gran tormento ha causado;
mas pregunto, ¿qué olvidado
los duda aunque no los ve?
Pues para el que tiene incierta
una esperanza creída,

tan muerta está la que olvida
como si estuviera muerta;
luego bien he colegido,
que de celos el tormento,
muerte ni aborrecimiento
se igualan al del olvido.

Zambapalo	Bene dixit.
Doña Juana	Oye, espera;

                     Oye, espera;
mayor es el mal de ver
su dama en otro poder,
y arguyo desta manera:
el olvidado, vitoria
puede alcanzar algún día,
del mérito y la porfía
se consigue la vitoria;
el aborrecido siento
que templará su pasión
con ver que él da la razón
para su aborrecimiento;
uno y otro, digo yo,
como el uno y otro ama,
que admitir podrá su dama,
y el que vio sus celos no;
aquel que perdió muriendo
la que amó con viva fe,
ya que no la ve, no ve
dama que le esté ofendiendo;
mas no iguales los desvelos
son del que recela y ama,
pues cada día su dama
ve que le está dando celos;
esta si que es muerte, a quien

ningún mal ha preferido,
pues ahora hay celos, olvido,
como celos que se ven.
Que de los dos, el mayor
mal es el mal que se piensa,
y es la duda de la ofensa
circunstancia del dolor
más eficaz y más fuerte;
pues si agora he colegido
que hay donde hay celos olvido,
aborrecimiento y muerte,
que serán los desconsuelos
mucho mayores se entiende
de un mal que a todos comprende
que de un mal que está sin celos.

Estudiantes   ¡Vítor!

Bermúdez
       La muerta se entiende,
que mayor dolor causó
que celos.

Doña Juana
        La que murió
lastima, pero no ofende.

Marqués
No da celos, pero darlos
podrá la que tuvo amor
y aborrece.

Doña Juana
         No es peor
dar celos que imaginarlos.

Serafina
Ni aun la olvidada ha podido
dar celos por recompensa.

Doña Juana	Memoria para una ofensa, mas que se volviera olvido.
Estudiantes	¡Vítor el dotor Madrid!
Otro	¡Désele el premio!
Fileno	Es razón.
Serafina	Yo también hago opinión; este favor recibid, don Pedro.

(Dale una rosa a don Pedro Bermúdez.)

Marqués (Aparte.)	(Viven los cielos, que hay otro favorecido.)
Serafina (Aparte.)	(Yo que me quejo de olvido he de vengarme con celos, que es el mal que se imagina que es el mayor de los tres mas no lo siente.)
Doña Juana (Aparte.)	(El Marqués mirando está a Serafina. ¡Oh, como es dolor más fuerte! ¡Grande mal los celos son!)
Bermúdez (Aparte.)	(Amar la imaginación es adorar a la muerte: la muerte amo y amo bien.)

Marqués	Todos cuatro males siento: olvido, aborrecimiento, celos y muerte también,
Música	Dejad la academia de ciencias y ingenios, que se ha vuelto certamen de amor y palestra de celos.
Serafina	Bien habéis dicho; yo creo que es tarde, y cansada estoy; cese el certamen por hoy.
Cetina	Quibus finitis.
Zambapalo	Laus Deo.
Marqués	La ciencia y la erudición de Madrid es soberana.
Doña Juana	Ah, señor Marqués, mañana leeremos de oposición; vuecelencia me ha de honrar
Marqués	Ir a serviros espero.
Bermúdez	Yo que he de leer primero os quería suplicar, que a un tiempo honréis a los dos.
Marqués	Obligación mía es.
Fileno	Vámonos, señor Marqués,

que tengo que hablar con vos.

(Aparte se lo dice el Mágico.)

Marqués

A vuestra casa a saber
lo que ordenáis iré yo.

Fileno

Pues veréis si hay magia o no.

Marqués

Eso es lo que quiero ver.

Fileno

Haréis que en ella os espere
mañana.

Bermúdez

Siempre fue usado

(Tras el doctor Madrid.)

que aquel que un premio ha ganado
pueda darte al que quisiere;
y solo en vos estará
bien empleado este día.

(Quiérele don Pedro dar el favor a doña Juana.)

Doña Juana

Darle yo yerro sería,
y darle vos lo será,
si el ejemplo no tomáis
de mi error os culparé.

Serafina

Yo se lo perdonaré,
porque vos le recibáis.

Doña Juana

Vos se le disteis, y así

perdonad que le prefiera.

Bermúdez (Aparte.)   (¡Ah si este premio me diera
quien no le quiere de mí!)

Cetina   ¿Vais a la lición?

Obregón   Sí iré.

Cetina   Pues adiós.

Obregón   Yo iré temprano.

Marqués (Aparte.)   (¡Ah si este premio que gano
me le diera cuyo fue!)

Bermúdez (Aparte.)   (Mas bien puede ser error
el que crean mis desvelos.)

Serafina (Aparte.)   (¡Que quien arguye de celos
sepa tan poco de amor!)

Marqués (Aparte.)   (Pero ya un consuelo he hallado
para templar mi dolor,
prenda suya es el favor,
aunque otro me le haya dado.)

Serafina (Aparte.)   (Y en parte corrida estoy
que me burlase amor ciego.)

Doña Juana
(Aparte.)   (Mas que a la luz de mi fuego
han de conocer quien soy?)

Fileno (Aparte.)	(Pues si ha de ver desta suerte cuanto de la magia sé...)
Julia (Aparte.)	(Si ya no hay Marqués que dé...)
Bermúdez (Aparte.)	(Si he de padecer la muerte de una duda...)
Marqués (Aparte.)	(Hermosos cielos, si he de ser aborrecido...)
Bermúdez (Aparte.)	(Si he de penar de un olvido...)
Doña Juana (Aparte.)	(Si he de morir de unos celos...)
Julia (Aparte.)	(Si a su casa tengo de ir...)
Zambapalo (Aparte.)	(Si en ella la he de gozar...)
Serafina (Aparte.)	(Si un desaire he de llorar...)
Doña Juana (Aparte.)	(Si amor me ha de descubrir...)
Fileno (Aparte.)	(Que otra vez digáis espero...)
Bermúdez (Aparte.)	(A un tiempo a todos diré...)
Marqués (Aparte.)	(Otra vez repetiré...)
Serafina (Aparte.)	(He de decir...)
Doña Juana (Aparte.)	(Decir quiero...)

Música   Dejad la academia
de ciencias y ingenios.
Que se ha vuelto certamen de amor
y palestra de celos.

Fin de la primera jornada

Jornada segunda

(Salen el Marqués y Zambapalo.)

Zambapalo	Esta la cueva ha de ser del Mágico; vuecelencia vea si quiere que llame.
Marqués	Llama, sí es esta la puerta, y di como estoy aquí; él me pidió que viniera a esta hora, en casa estará.
Zambapalo	Señor, he de hablar de veras: yo tengo miedo.
Marqués	¿Por qué?
Zambapalo	Porque deste hombre me cuentan que tiene en una redoma un demonio
Marqués	¿Que eso creas?
Zambapalo	¿Tú has visto su casa?
Marqués	No.
Zambapalo	Pues yo sé que si la vieras que te temblara la barba, que al más osado le tiembla.
Marqués	¿Has estado dentro?

Zambapalo	Sí.
Marqués	¿Cómo es?
Zambapalo	Escucha las señas:

es larga como señor
de otros tiempos; es estrecha,
como mercader de ahora,
y escura como conciencia
de letrado, que recibe
cualquiera pleito que venga.
Está en el zaguán la sala
y la alcoba en una pieza,
y aunque no hay cocina, es
todo el cuarto chimenea.
Hay en aquesta espelunca,
alcázar de la Noruega,
un lampión, que desde el lecho
de un cordel de lazo cuelga,
que no alumbra tanto cuanto,
mancha a los que salen y entran;
sola la puerta es un ojo
por donde un rayo aún no entra,
y los que por otro salen,
no salen bien si la cierran;
raras son cuantas alhajas
hay en su cuarto; una mesa
como mula de alquiler
que por puntos se derrienga;
una silla de costillas,
amarilla y aguileña,
y tan fácil, que se abre
con todos cuantos la ruegan;
un colchón que fue de lana,

y ya es de hilas, pues si vieras
la camilla de cordeles,
aunque ninguno le aprieta,
canta a cualquier movimiento,
que es para dar mil denteras.
No tienen polvo sus libros,
pero como es la cueva
tan húmeda, tiene lodo,
ya podrida la madera.
Un reloj tiene de vidrio
que era de hora, cuando era,
y habrá un siglo que no corre
de enfermo de mal de arenas.
Con un queso y con un pan
pasa todo el año.

Marqués   ¿Piensas
que ese retiro y desprecio
de las humanas riquezas,
en quien pudiera adquirirlas,
no es la verdadera ciencia?
Los que huyen de los puestos,
por el gobierno debieran
ser buscados, no elegidos
aquellos que los desean,

Zambapalo   Así anda el mundo al revés.

Marqués   En efeto, yo quisiera
saber qué prodigios hace
Fileno.

Zambapalo   Si a tiempo llegas
a consultarle, verás

Las mujeres y hombres que entran.

Marqués   ¿Y qué suerte de mujeres
son las que buscan?

Zambapalo   Estas:
la que desea saber,
más de ambiciosa que tierna,
si ha de volver el galán
que la ofreció la pollera,
porque ya dejó tomada
la medida de la tela.
La que perdió a Jazminillo,
su perro, y saber desea
si ha de hallarle, siendo un perro
cosa que hallará en cualquiera.
La que le hurtó la criada
el manto, y pierde en perderla
dos mantos, que ella como él
cubrían de una manera.
La que...

Marqués   Deja necedades,
Zambapalo.

Zambapalo   No quisiera
que a esta cueva entrar intentes.

Marqués   Qué importa, si no entro en ella
con intento de saber
más ciencia, aunque haya otra ciencia
que la magia natural.

Zambapalo   Señor, el que entrar te vea,

74

cosas sobrenaturales
ha de imaginar que intentas.
Advierte, Señor, que cría
enemigos a grandeza;
guárdate de un enemigo,
que no puede, aunque más pueda,
librarse de un testimonio
todo un Marqués de Villena.

Marqués   ¿Qué importará que la nube
a cegar al Sol se atreva,
si él ha de curar entero
y ella ha de morir deshecha?

Zambapalo   Señor, ¿resuélveste a entrar?

Marqués   Sí.

Zambapalo   Pues la puerta está abierta.

Marqués   ¿La abrieron?

Zambapalo   Ella se abrió.

Marqués   Pues entra.

Zambapalo   Requiem æternam.
(Entra.)   Ve delante.

Marqués   ¿Tienes miedo?

Zambapalo   Así tuviera vergüenza.

(Dan la vuelta al tablado.)

Marqués	¿No me sigues?
Zambapalo	¿No me hueles, Señor?
Marqués	¿Qué hay?
Zambapalo	Mira no sea que encuentres con la redoma a tiento, que si la quiebras, se derramará el demonio.
Marqués	Bestia, calla.
Zambapalo	Esa es mi tema, porque soy bestia haces caso de mí.
Marqués	¿Que por eso creas que te traigo?
Zambapalo	Los señores, siempre se pagan de bestias.

(Salen Fileno y Bermúdez.)

Fileno	Salgamos, señor don Pedro, pues ha entrado en nuestra cueva el Marqués, a recibirle.
Bermúdez	Salgamos.
Fileno	Sea vuecelencia

	a esta casa bienvenido.
Zambapalo	Quebrose.
Marqués	Como esta pieza está oscura, no sé quien habla conmigo.
Zambapalo	¿A qué esperan? Saquen luces.

(Por debajo del tablado sacan un candelero y una vela, y se la ponen en la mano a Zambapalo.)

	Creo en Dios Padre; Dios en su gloria me tenga; yo muero ya, que me han puesto en la mano la candela.
Marqués	Fileno, señor don Pedro Bermúdez...
Bermúdez	Y el que se precia siempre de vuestro criado.
Fileno	Mil veces enhorabuena vengáis, señor don Enrique, a honrar esta casa vuestra.
Marqués	¿Vos aquí, señor don Pedro?
Fileno	Aunque en Salamanca tenga tanta opinión, es también discípulo desta escuela.

Bermúdez	Vuecelencia ha de sentarse.
Fileno	¡Hola! sillas.
Zambapalo	Sillas vengan;

en el aire hace el demonio
todo cuanto se le ordena.

(Salen tres taburetes por debajo del tablado.)

¿Qué dices desto?

Marqués   Que son
tropelías todas estas.

Fileno   ¿No os sentáis?

Marqués   No he de sentarme;
solo hablar con vos quisiera
una palabra, si da
el señor doctor licencia.

Bermúdez   ¿Pues vuecelencia no es antes
Que todos?

Marqués   Esa fineza
y cortesía os estimo;
pero hay algunas materias
cuyo posible remedio
en la dilación se arriesga.

Bermúdez   No es la que vengo a tratar
materia que no pudiera

	de vuecelencia fiarse.
Marqués	Pues no importa que la sepa;
	decidla, y yo lograré
	que con escucharos pueda
	esperar que mi cuidado
	a vuestras voces suceda.

(Desaparecen las sillas.)

Fileno	Sobre ese bufete agora
	pon la vela.

Zambapalo	¿Ireme fuera?

Bermúdez	No estorbas.

Zambapalo	Yo sé si estorbo.

Marqués	Proseguid.

Bermúdez	Mi pena es esta;
	yo tengo amor.

Marqués	¡Grande mal!

Bermúdez	Busco alivio.

Marqués	¿Hay quien le tenga,
	Si no es el que ha conseguido
	el premio?

Bermúdez	Es tanta mi pena,
	que amo una duda.

Marqués
Peor;
es amor una evidencia.

Fileno
Decid vuestro mal.

Marqués
Hablad.

Bermúdez
Referírosle me pesa,
que manifestar la herida
duele más que padecerla.

Marqués
Las heridas penetrantes,
cuando no se manifiestan
no se curan.

Bermúdez
Es así.

Fileno
Pues pasad a vuestra lengua
vuestra memoria.

Marqués
Y al labio
imagines de la idea;
la medicina que duele
es la que sana.

Zambapalo
¿A qué esperas?

Bermúdez
Si he de sanar con decirla,
poco importará que duela.

Marqués
Pues proseguid.

Zambapalo
¿A qué aguardas?

Bermúdez	Ya empiezo, atended.
Marqués	Empieza.

Bermúdez

Era el julio, ardía el Sol, el mundo ardía,
y incendio era común la luz del día,
y huía dél hacia la espuma blanca
del dilatado Tormes, Salamanca;
algunos de sus hijos diligentes
arrojaban su fuego a las corrientes,
y el que no se bañaba
vivía con el viento que le daba.
Llego, entre otros, al florido suelo,
a quien mordido habla el can del cielo
con un rabioso brío,
y antes que yo, mi sombra se echó al río;
tuve envidia a su maña, y, por vengarme,
empiezo sin aliño a desnudarme;
pero apenas lo intento,
cuando una voz que hermoseaba el viento
(porque era de mujer), en ecos vanos,
con mi misma atención ató mis manos;
quiero seguirla, y no me determino,
por no tener por cierto aquel camino
que enseñaba la voz dulce y extraña,
porque voz de mujer, ¿cuándo no engaña?
Rodeo con la vista el horizonte,
el prado ameno y el rizado monte,
y a seguir empecé la voz que erraba
por donde más alegre el campo estaba;
juzgando, que es de hallarla el mejor modo,
porque donde hay mujer se alegra todo;
y no fue necia, no, mi conjetura,

81

pues apenas me entré por la espesura,
cuando en el agua mi atención advierte
una mujer... estaba desta suerte:
toda dada al cristal líquido y bello,
hasta el hermoso cuello,
y las ondas que cerca della andaban,
unas con otras dulces peleaban
con inquieta rencilla
por allegar a ser su gargantilla.
Milagro fue no ahogalla
el torrente de puro idolatralla,
que el agua que venía,
por verla de más cerca más corría;
y la que se apartaba lentamente
se negaba al estilo del corriente;
mas las ondas brillantes,
muy preciadas de amantes
viéndola de tal modo acometida,
corrieron a su muerte por su vida;
el rostro estaba fuera
del agua, y la juzgué de la manera
que diligente mano
suele tener en medio del verano,
porque no muera al fuego riguroso,
en ropa de cristal clavel hermoso;
al río dulcemente estaba atada;
mas desde la esmaltada
orilla, algunas flores envidiosas,
presumiendo de bellas y de airosas
la llamaban con rígida aspereza
a competir con ellas en belleza.
Ella entonces, con priesa diligente,
porque era la hermosura muy valiente,
del agua iba dejando los favores

por batallar de linda con las flores;
los cristales lloraban,
y con ellas las ondas se abrazaban
pero fue diligencia sin ventura
que venció el pundonor de su hermosura.
A tierra salió, en fin, hermosa y fiera,
y cuando ver su perfección quisiera
desde la planta al hombro,
lo que miré me lo robó el asombro;
vistiose dentro de su mismo coche,
piérdola de los ojos con la noche,
y cuando examinar quien es quería,
entre otros coches pierdo el que seguía.

Marqués   ¿Y le hallaste luego?

Bermúdez   No.

Marqués   Qué, ¿la hubisteis de perder?

Bermúdez   Infelice fui al volver
de una esquina se perdió.
Pero pienso que es...

Marqués   Decid.

Bermúdez   ¿Quién pensáis que es?

Marqués   No os paréis.

Bermúdez   Si os lo digo os reiréis.

Marqués   Decidlo.

Bermúdez	El dotor Madrid.
Marqués	¿En qué lo pensáis?
Bermúdez	A aquel rostro que adoré rendido es este tan parecido que me parece que es él.
Marqués	¿Tenéis otro indicio?
Bermúdez	Sí.
Marqués	Decidle.
Bermúdez	Cuando os conté que perdí aquel coche, fue la calle en que le perdí La suya.
Marqués	Sí; mas pudiera padecer la vista engaños.
Bermúdez	Otro hay, que ha más de tres años que la vi, nunca la viera, y aunque con firme deseo hallarla mi amor procura, nunca he visto esta hermosura si no es adonde la veo.
Marqués	Aún no es bastante.
Bermúdez	Otro hay más: ni criada ni criado

me aseguran que haya entrado
adonde duerme jamás.
Y este retiro se crea
que no es de hombre.

Marqués   Decid
si hay otro.

Bermúdez   Que es de Madrid,
y no se sabe quién sea;
pero el mayor viene a ser
que cree mi voluntad.

Marqués   ¿Qué es?

Bermúdez   Que en toda la ciudad
dicen los más que es mujer.

Marqués   ¿Mujer?

Bermúdez   Sí.

Marqués   Si eso os desvela,
creed será grande error,
¿que es mujer quien es mejor
estudiante de la escuela?
¿Tener puede una mujer
tal ingenio y tal razón?
La lición de oposición
que contra vos leyó ayer,
¿Cuándo otra vez se verá?
¡Qué bien dispuesta, qué aguda,
qué grande! y por quien, sin duda,
la cátedra llevará.

Dejad, don Pedro, por Dios
esa locura, que es rara.

Bermúdez   ¿Pues si una mujer cursara
la escuela, decidme vos,
no llegara a merecer,
si se aplicase a estudiar,
en poco tiempo...?

Marqués   Olvidar
la labor que sabía hacer.

Bermúdez   Las mujeres siempre vi,
que en ingenio nos exceden.

Marqués   ¿Queréis ver en lo que pueden
leernos cátedra?

Bermúdez   Sí.

Marqués   En premiar sin afición,
en saber mentir enojos,
en conocer por los ojos
el ajeno corazón.
Fingir celos, sembrar iras,
afectar seguridades,
y a la luz de las verdades
lisonjear con mentiras.
Saber lograr un desdén,
llorar mucho y no sentir,
dar algo para pedir
y no pedir porque den.
Cautelar con la llaneza
la mucha necesidad,

86

vender su comodidad
a su amante por fineza.
Elegir los que convengan,
conservar os que desmayan,
en rogar porque se vayan
y en despedir porque vengan;
ningún ingenio se alabe
que las pudiera exceder,
que en esto pueden leer
la cátedra al que más sabe.

Bermúdez   Sea o no, señor Marqués,
amante como rendido,
solo a saber he venido
del señor Fileno, si es
este desvelo apariencia,
porque escarmentado quede.

Marqués   ¿Cómo?

Bermúdez   Por la magia puede
saberlo, puesto que es ciencia
infalible.

Fileno   Y importante;
yo lo examino y lo toco.

Marqués   Hasta ahora os tuve por loco,
pero no por ignorante.

Bermúdez   Caprichos tan peregrinos
como vos no hay quien los tenga.

Marqués   ¿Que un hombre barbado venga

a consultar adivinos?
Ahora digo que hay menguados,
que más no lo pueden ser;
hácenle hoy a un mercader
un hurto de mil ducados;
y muy confiado y contento
a un adivino se va
de que le descubrirá
a que le cueste otros ciento.
Majaderos desta pinta
son otros que a estos exceden,
que imaginan que les pueden
hechizar con una cinta.
Luego una que se hace niña,
y creyendo que está ahojada,
da orden a una criada
que cercene la basquiña
de fulaneja, que ha sido
quien la miró un si es no es,
y la sahuman después
de destruir un vestido.
Luego otras que he visto yo
contar vigas...

Bermúdez   Bueno a fe.

Marqués   Luego otros que creen que
              vuelan las brujas.

Zambapalo   ¿Pues no?

Marqués   No, ignorante.

88

Zambapalo	Yo pregunto como es que yo soy un lego.
Marqués	Úntanse todas.
Zambapalo	¿Y luego?
Marqués	Provoca a sueño aquel unto, que es un opio de un beleño que el demonio les ofrece, de calidad que parece que es verdad lo que fue sueño; pues como el demonio espera solamente en engañar, luego las hace soñar a todas de una manera; y así piensan que volando están cuando duermen más, y aunque no vuelan jamás, presumen en despertando que cada una en persona el becerro ha visitado, y que todas han paseado los campos de Baraona; siendo así que, vive Dios, que se han visto por momentos durmiendo en sus aposentos untadas a más de dos.
Bermúdez	Pues decidme, ¿qué he de hacer?
Marqués	Ir a su casa.
Bermúdez	Allá he de ir,

pero ¿qué diré?

Marqués
                Decir
que vos sabéis que es mujer
y que en el río habéis sido
quien por ella perdió el seso.

Bermúdez
¿Y si después de todo eso
no fuese ella?

Marqués
                ¿Qué hay perdido,
don Pedro, en aventuraros
a hablar?

Bermúdez
              Bien me aconsejas.

Fileno
Si yo os dijere que vais,
mejor podréis declararos.

Marqués
Fileno, en resolución,
dado que habéis acertado
será acaso.

Fileno
             Yo he cobrado
con vos muy mala opinión;
buena la espero tener
muy presto.

Marqués
            No sé yo cuándo.

Zambapalo
¿Y ustedes no andan deseando
saber si es hombre o mujer?
¿Y dejan que cada cual
parecer y voto dé?

Pues óiganme, y les daré
un remedio natural
con que puedan convencerla,
si da licencia el Marqués.

Bermúdez   Dinos el remedio.

Zambapalo   Es...

Marqués   Habla.

Zambapalo   Desnudarla y verla.

Marqués   Simple.

Bermúdez   Un remedio he pensado
que quiero experimentar;
mas no lo he de contar
hasta haberlo ejecutado.
Yo buscaré a vuecelencia
guárdeos el cielo, Marqués.

Marqués   Veámonos luego.

(Detiénele Fileno.)

Fileno   Esto es
hacer burla de mi ciencia
y dejarme desairado,
y desde agora os sentencio
a que me perdás.

Bermúdez   Fileno,
ya yo voy desengañado,

	y ya de hoy más me prometo
	no volveros a buscar.
Fileno	Oíd, si queréis aguardar,
	yo os descubriré el secreto
	de vuestro amor.
Bermúdez	Quiero amar
	y no ser desengañado.
Fileno	Agora aún no se ha acabado
	la cátedra de votar,
	y agora os quiero decir
	el que la ha de merecer.
Bermúdez	¿Cómo se puede saber
	por ciencia lo porvenir?
Marqués	No lo creo.
Fileno	Yo bien puedo
	hacer que lo creáis los dos.
Bermúdez	Quedad con Dios.
(Vase.)	
Marqués	Id con Dios.
Fileno	Escuchad; corrido quedo.
	ya que vuecelencia intente
	quitarme el crédito así,
	hoy no ha de salir de aquí
	sin que antes experimente

	si hay magia, y si esta ciencia
	hasta hoy de nadie adquirida...
Marqués	Eso quiero ver.
Fileno	Pues pida
	imposibles vuecelencia,
	que a imposibles se prefiere
	mi ciencia.
Marqués	Vaya la prueba.
Fileno	Pues sin salir desta cueva
	ha de ver cuanto quisiere.
Zambapalo	El diablo este paso ordena,
	siendo tan a costa mía,
	por saber lo que quería
	ver el Marqués de Villena.
	¿Tú no tienes miedo?
Marqués	No.
Zambapalo	Pues si algo por mí has de hacer.
	Pídele que quieres ver
	que no tenga miedo yo.
Marqués	Pienso que de noche es.
	Divertirme un rato quiero,
	y así pido lo primero...
Fileno	¿Qué pedís, señor Marqués?
Marqués	Pido...

Zambapalo	Aquesto es hecho.
Fileno	Hablad.
Marqués	Que dentro de vuestra casa vea yo todo cuanto pasa esta noche en la ciudad.
Zambapalo	Noche será peregrina.
Fileno	Cuanto pasare iréis viendo en Salamanca, en corriendo de ese espejo la cortina.

(Corre la cortina, descúbrese un espejo, que miran por él todo lo que va saliendo a representar.)

Marqués	Ya la cortina corrí.
Zambapalo	El diablo aquí me metió; ¿y hemos de ser vistos?
Fileno	No.
Marqués	¿Oiremos lo que hablan?
Fileno	Sí
Zambapalo	¿Oirame alguno si hablo?
Fileno	No, ni te muevas ni espantes; ya llegan tres estudiantes al mercado.

Zambapalo   Verá el diablo.

(Salen Cetina, Obregón, estudiantes y Carrasco.)

Obregón   Mala noche.

Cetina   ¿Pues hay quien
                           la tenga buena sin blanca,
                           aunque sea en Salamanca?

Estudiante   Frío hace.

Carrasco   Y hambre también.

Obregón   ¿Vuestro padre no os ha enviado
                           esta Pascua algún dinero?
                           No es posible.

Cetina   El arriero
                           Hoy me ha traído un recado.

Carrasco   ¡Oh, santa palabra! Hoy...

Obregón   ¿Le envía tu padre?

Cetina   Pues.

Carrasco   ¿Y qué es el recado?

Cetina   Es,
                           que le avise cómo estoy.
                           Pero mi madre, con harta
                           pesadumbre me escribió

una letrilla me envió.

Obregón   ¿Letra?

Cetina   Sí, la de la carta.

Carrasco   Buen dinero.

Cetina   A otro correo
diz que habrá consolación.

Zambapalo   Señor, ¿no ves a Obregón
y a Cetina?

Marqués   Ya los veo,

Carrasco   ¡Quién cenara de misterio
que está la barriga enjuta!

Cetina   Yo empeñaré una Instituta,
un Pichardo o Minsingerio.

Carrasco   ¿No es mejor en el mercado,
pues tan a mano los veis,
que corramos cuatro o seis
asadores de adobado?

Cetina   Bien has dicho.

Carrasco   Yo imagino,
que agora cuando venía
vi en la pastelería
un pavo como un pollino.

Cetina	Corrámosle, si eso pasa.
Obregón	Saldrá el pastelero fiero.
Cetina	Yo conozco al pastelero, y es hombre de linda masa. No saldrá.
Carrasco	Yo determino ser el que le ha de correr.
Obregón	Primero hemos menester saber qué se hará de vino.

(Saca Cetina una bota.)

Cetina	Aquí está la bota.
Carrasco	Bella presencia tiene.
Cetina	¿Oyes? Mira.
Carrasco	¿Esto es vino?
Cetina	Sí.
Carrasco	Es mentira, Que yo vi echar agua en ella.
Cetina	No lo niego, pero advierte, que el agua en vino he trocado.
Marqués	El Cetina es extremado.

Carrasco	¿Cómo fue?
Cetina	Fue desta suerte:

como el cristiano está ardiente,
esta bota procuré
y azumbre y media le eché
de agua en aquella fuente.
Y a esa taberna primera
que está en el mercado fui
cuatro azumbres me eche aquí,
la dije a la tabernera;
Y cuando llena tenía
la bota, dije afligido:
por Dios, que se me ha caído
un real de a ocho que traía.
Rota está la faldriquera,
cayóseme en el camino;
—Pues vuélvame usted mi vino,
repitió la tabernera,
que con eso se remedia.
—Daré lo que usted me ha dado,
dije, que yo había tomado
de otra parte azumbre y media.
Ella su vino midió;
bien que al medirlo gruñía
y el agua que yo traía
hecha vino se quedó.

Marqués   Lo que hacen los estudiantes
me hace risa.

Carrasco   Ea, venid.

Zambapalo	Si ello es vino de Madrid tan agua será como antes.
Cetina	Llevó gatazo crüel.
Obregón	La industria digo que alabo.
Carrasco	Ea, señores, al pavo, que tres somos contra él.

(Vase llegando Carrasco hacia la pastelería.)

Cetina	Esta es la pastelería, acaba, llega quedito.
Criada (Dentro.)	La cazuela del cabrito.
Otro (Dentro.)	Uno de a ocho, Estefanía.
Julia (Dentro.)	Mi pavo.
Cetina	El pavo han nombrado.
Pastelero (Dentro.)	Está crudo.
Julia (Dentro.)	Venga ansí.
Zambapalo	Si lo sacan para mí, lo mismo es así que asado.
Cetina	Extremada ocasión pierdes, llega, nadie te conoce.

Criada (Dentro.)   Los veinte y cuatro de a doce
del Colegio de los Verdes,

(Sale Carrasco.)

Carrasco   ¡Ah, señores!

Cetina   ¿Viene el pavo?

Carrasco   No le traigo.

Obregón   ¿Qué lo impide?

Carrasco   Una criada le pide,
mal viene con ella un bravo,
y ha de pasar por aquí
con su espada y su broquel.

Cetina   Pongamos este cordel
de esquina a esquina.

Obregón   Sea ansí.

(Atan un cordel grueso en el tablado, atravesado de esquina a esquina.)

Carrasco   ¡Extremado es el capricho!

Cetina   No he visto industria mejor.

Carrasco   En pescando el graznador,
dar un salto.

Cetina   Bien has dicho.

Carrasco	Yo vuelvo
Cetina	Pues ea, embiste.
Obregón	¿Salió la cazuela?
Carrasco	Hela; pues manos a la cazuela.

(Sale Carrasco con una cazuela y con un pavo dentro, y salta por encima del cordel.)

Julia (Dentro.)	¡Ah, ladrón!
Carrasco	Laus tibi Christi.

(Sale un Bravo tras Carrasco, y tropieza en el cordel y cae en el suelo.)

Bravo	El pavo te quitaré y el alma.
Carrasco	Sígame el bravo.
Bravo	Pues aguárdame.
Julia (Dentro.)	¡Ay mi pavo!
Bravo	¡Válgame Dios!
Obregón	¿Para qué?
Julia (Dentro.)	¡Ay pavo! ¡ay cazuela mía!

De verlo loca me torno.

(Sale el Pastelero con una pala, y cae en el suelo; danle al Bravo y al Pastelero.)

Pastelero   ¿A la vista de mi horno
                   se hace esta superchería?

Cetina   A este quiero cascar,
                   que de riesgo me lo ahorro.

Bravo   ¿Que no haya quien dé socorro
                   a un tío de un familiar?

Julia (Dentro.)   ¡Favor a un pavo!

Zambapalo   ¡Ay qué dolor!

(Salen dos porteros.)

Portero I   La justicia, caballeros;
                   ténganse a un par de porteros
                   del señor Corregidor.

(Cae el Portero I.)

Portero II   ¿Qué ha sido?

Julia (Dentro.)   Quedarme en seco,
                   porque el pavo me han corrido.

Obregón   Los porteros han caído.

(Dan a los porteros de cintarazos.)

Cetina   Pues zas.

Obregón   Aquí, que no peco.

Carrasco   ¡Ay que me quemo!

Bravo   ¡Oh ladrones!

Cetina   Tú mientes.

Bravo   Mal he quedado;
                ahora bien, un hombre honrado
                ha de huir las ocasiones.

(Vase.)

Pastelero   Yo me vengaré, crueles
                estudiantes.

Cetina   El menguado
                no lleva ya el ojaldrado
                dispuesto para pasteles.

Portero I   ¿Que se hage cara a cara
                tal resistencie conmigo?
                Si no se hace un gran castigo
                tengo de arrimar a vara.

(Vase.)

Zambapalo   Desta vez, hambre, cruel
                te he de dar un golpe bravo,

Obregón	Que se nos enfría el pavo.
Carrasco	Ea, amigos, pocos y a él.
Cetina	Sí, que el hambre estudiantina a la canina ha excedido.
Julia	Miren que ese pavo ha sido de mi ama Serafina.
Cetina	Pues correr.
Obregón	Huir.
Carrasco	Volar.
Zambapalo	Buenos van los licenciados.
Julia (Dentro.)	¡Señores, que estando asados puedan los pavos volar!
Pastelero	Ninguno malo ni bueno, estudiante ha de quedar; desde mañana he de echar en los de a cuatro, veneno.

(Vanse los estudiantes, el Pastelero y Julia)

Fileno	¿Qué decís?
Marqués	Famosa gente.
Fileno	¿No os habéis entretenido?

Marqués	Mejor rato no he tenido.
Zambapalo	Y el pavo estaba excelente bien me ha sabido en verdad.
Marqués	¿Tú has comido dél? ¿qué dices?
Zambapalo	Sí, Señor, con las narices me he comido la mitad.
Fileno	Que ahora veáis espero cuanto el deseo imagina.
Marqués	Ver quisiera a Serafina, a quien vos sabéis que quiero.
Fileno	¿Posible es, Señor, que quieras ver otra cosa tan presto?
Marqués	¿Zambapalo?
Zambapalo	Señor...
Marqués	Esto parece que va de veras.
Fileno	Verla vos, fácil será.
Marqués	¿Y hablarla?
Fileno	Es dificultoso, que para eso es forzoso que os lleve donde ella está.

Marqués	¿Cómo verla aquí he podido,
	y hablarla aquí no podré?
Fileno	La causa de eso os diré.
Marqués	Tened, que ya os he entendido;
	es, que cuanto están mirando
	vista y imaginación
	solo es representación
	de aquello que está pasando;
	y lo distante y ausente
	por la magia puedo ver,
	mas no puede responder
	quien no estuviere presente
	a lo que pregunto yo;
	que aunque vos podáis veloces
	traerme a mí aquellas voces,
	que hablen a mi intento, no;
	y así cuanto por la ciencia
	de vuestra magia miré,
	como preciso no fue
	que hubiese correspondencia,
	de ambas voces se imagina
	que ver puedo lo aparente;
	pero no estando presente,
	¿cómo hablaré a Serafina?
Fileno	Pues si hablarla no podéis,
	¿la queréis ver?
Marqués	Verla quiero.
Fileno	Pues primero es que veáis...

Marqués	¿A quién, decís?
Fileno	A don Pedro Bermúdez.
Marqués	¿Dónde decís que está?
Fileno	Miradle entrar dentro de la casa del dotor Madrid.
Marqués	Con quien yo le veo hablar es con Carrasquillo, que es un criado del mesmo don Alonso de Madrid.
Fileno	Atended.
Marqués	Ya estoy atento.

(Salen Carrasco y Bermúdez en un tablado que ha de haber en otra parte fabricado.)

Bermúdez	Tomad estos veinte escudos, aunque no os pago con ellos de esconderme en esta casa el gusto que me habéis hecho. ¿Cuál es el cuarto en que duerme don Alonso?
Carrasco	Este primero.

Bermúdez	¿Y a qué hora se recoge?
Carrasco	No puede tardar, supuesto que son las ocho, y ya es hora de estudiar.
Bermúdez	A este aposento me retiro.
Carrasco	¿Qué intentáis dentro dél?
Bermúdez	Eso no puedo deciros.
Carrasco	Lo que os suplico es que me guardéis secreto de haberos aquí escondido.
Bermúdez	Segunda vez lo prometo.
Carrasco	¿No queréis que os cierre?
Bermúdez	No.
Carrasco	Pues adiós.
Bermúdez	Guárdeos el cielo.

(Escóndese Bermúdez, y vase el Criado.)

| Marqués | Y a qué se esconde en la casa del dotor Madrid? |

Fileno	No puedo por la macia penetrar del hombre los pensamientos.
Marqués	¿Conjeturarlos podéis?
Fileno	Mas no siempre los acierto.
Marqués	¿A qué efeto en esta casa se ha escondido?
Fileno	Ved primero a Serafina, y después otra vez he de volveros, dejándole aquí escondido, a que veáis el efeto.
Marqués	Con Juliana sale hablando Serafina.
Zambapalo	Señor, pienso que cuando de aquí salgamos, no hemos de salir los mesmos.

(Salen Serafina y Julia.)

Serafina	¿No dije que no salieras de casa?
Julia	Ya se hizo el yerro pero por veros correr, he de crïar el invierno que viene otros cuatro pavos.

Serafina   Y cuando salgas por ellos
                    tenme otra cena.

Julia   De noche
                    los pavos son indigestos,
                    comidos a estas horas.

Zambapalo   Antes
                    a estas horas son ligeros.

Serafina   ¿Pero qué se ha de cenar?

Julia   ¿No tienes amor?

Serafina   Sí tengo.

Julia   Pues sírvate de ensalada
                    la esperanza.

Serafina   Bien.

Julia   Supuesto
                    que es verde y tiene su azúcar,
                    y su vinagre si hay celos,
                    y sea el primero plato
                    la constancia, y yo te ofrezco,
                    si le admites, que este plato
                    te sepa muy bien por nuevo.
                    Para postres, desengaños
                    guisados por escarmientos,
                    que en la cena del amor
                    siempre es el plato postrero.

Serafina   Pues dejarme sin cenar

          y traerme un par de concetos
          es cosa para apurarme
          el gusto y el sufrimiento.

Julia   Eso sí, cuerpo de tal,
          aunque amor tienes, me alegro
          que me confieses tu hambre,
          y no unas damas que vemos
          que de puro enamoradas
          dicen cuando están comiendo
          «No puedo comer, amigas»;
          y dice la amiga luego:
          «Cómete este pollo, hermana»;
          Y ella dice: «Por ser tierno...»
          Ay, cómete este gigote:
          y vuelve a decir: «No puedo;
          aquel traidor... pero vaya
          siquiera porque está bueno».
          Dice una criada: «Señora,
          cómete este par de huevos,
          que están frescos». Y ella dice:
          «No hay que hablar, no he de comerlos.
          ¡Ah infame! ¡ala ingrato! Mas vengan,
          siquiera porque están frescos».
          Que dice una beata: «Hija,
          esta conserva la ha hecho
          Soror de la Concepción;
          come della»: y dice a esto
          «Venga; por ser de esa Santa
          la comeré, aunque no puedo».
          ¡Carantoñeras! comed
          y quered bien.

Zambapalo   Me convengo.

Marqués	¿A quién querrá Serafina?
Zambapalo	¿Eso preguntas? ¿no es cierto que a ti te quiere?
Marqués	No soy tan confiado, que lo creo.
Serafina	Llamando están a la puerta, ve a mirar quien es.
Julia	El mesmo don Alonso de Madrid.
Serafina	Dile que no entre.
Julia	Esto es bueno, y está rabiando por verla; Entrad.

(Sale doña Juana, vestida de estudiante.)

Doña Juana	Aunque amor es ciego, como no es torpe mi amor, determinado, aunque atento, una ocasión solicita lograr a costa de un riesgo.
Serafina	Si a estas horas, la confianza de saber que os agradezco vuestro amor os ha traído a mi casa, es grande yerro que vos queráis...

112

Doña Juana	Serafina, no como otras veces vengo a repetir esperanzas, a sanar de sentimiento si el llanto es la medicina, vengo doliente de celos; son lágrimas interiores, pues las lloro y no las vierto.
Marqués	¡Ah Fileno.
Fileno	¿Qué decís?
Zambapalo	Jesus auten.
Marqués	¿No veis esto? Si es mujer ¿cómo una dama a otra dama pide celos?
Zambapalo	Será hombre, y la polilla se le habrá comido el pelo.
Doña Juana	Ya os acordáis, Serafina, que idólatra del Sol vuestro merecí que me dijeseis...
Serafina	Y agora os digo de nuevo, que para que an me yo estáis por alma en mi pecho.
Doña Juana	Digo que he sabido...
Serafina	Hablad.

113

Doña Juana   Que el Marqués...

Zambapalo   Mejor es esto.

Serafina   Mirad señor don Alonso...

Doña Juana   Mal penetráis mis intentos.
(Aparte.)   (Vengo a ver si le aborrece,
                          solo porque yo le quiero.)

Marqués   Celos de mí le ha pedido.

Serafina   Que porque mi amor confieso
                          no es bien que vuestra confianza
                          eche a perder mi respeto.

Doña Juana   Digo, que amante (¡ay de mí!
                          Présteme el amor aliento
                          por amar como mujer
                          y como hombre pedir celos);
                          por él aquella academia
                          celebrasteis, donde fueron,
                          en el certamen de amor,
                          todo el asunto mis celos;
                          y ansí el favor que me disteis
                          se le di al Marqués, creyendo
                          que ardid de vuestro valor
                          fue asegurarme de un miedo.

Serafina   No me quejo yo, que vos
                          tan gran desaire hayáis hecho
                          como dársele al Marqués,
                          habiéndoosle dado, y necio,

	celos venís a pedirme de que os haya dado el premio.
Doña Juana	Sí, que en ocasiones, hay favores que son desprecios.
Serafina	Si delante del Marqués os hice el favor, ¿fue haceros desaire?
Doña Juana	Desaire fue.
Serafina	¿En qué?
Doña Juana	Respondedme a esto. ¿El Marqués no os quiere?
Serafina	Sí.
Doña Juana	Pues si os quiere, ¿cómo puedo creer que sois tan grosera que a un gran señor hayáis hecho en público los desaires de hacerme el favor primero, si no es que haya merecido otro mayor en secreto?
Serafina	Según eso, vos pensáis...
Doña Juana	Que fue industria y ardid vuestro para asegurarlo más, favorecer a lo menos.
Marqués	¿No podré hablar?

Fileno	No os oirán.
Serafina	Ya estáis cansado y grosero, no obligación, y esa queja; no amor, y tan presto celos; idos.
Doña Juana	Voime.
Serafina	¿A qué aguardáis?
Doña Juana	Ireme, pero creyendo que le amáis.
Serafina	Y creed también que sois a quien aborrezco.
Doña Juana	¡Ay si trocarais su amor!
Serafina	¿En qué?
Doña Juana	En mi aborrecimiento.
Serafina	¿Porque no le ame queréis que os aborrezca?
Doña Juana	Eso quiero.
Serafina	No os entiendo, don Alonso.

(Vase.)

Doña Juana
(Aparte.)

(¡Yo sí que entiendo mis celos,
pues los pido como hombre,
y como mujer los siento.)

(Vase.)

Marqués

¿Fuéronse?

Fileno

Sí, ya se han ido.

Zambapalo

Mater Christi.

Marqués

Un volcán tengo
dentro del alma, y un áspid
abrigo dentro del pecho.

Fileno

Agora, señor Marqués
os quejáis cuando estáis viendo...

Marqués

Mis celos y mis agravios,
y que es don Alfonso el dueño
de Serafina.

Fileno

¿Y es poco
ver un desengaño a tiempo?
¿Veis que sois aborrecido,
señor Marqués?

Marqués

Ya lo veo

Zambapalo

No es eso lo que quería
ver el Marqués?

Marqués	No, era eso.

Fileno	¿Hay precio con que pagar
	el desengaño?

Marqués	Fileno,
	el que estima el desengaño
	no tiene amor verdadero.

Fileno	¿La duda amáis?

Marqués	La duda amo,
	que con ella, por lo menos,
	ya que ahora no le alcance,
	tengo esperanza del premio.
	Si el desengaño pudiera
	quitarme o amor, confieso,
	que para los desengaños
	no tuviera el alma precio;
	pero aunque a abrirme los ojos
	venga por confiado necio,
	el que el amor no me quita
	no me deja el escarmiento;
	celos suelen dar las dudas,
	pero también da con ellos
	la estimación de quien se ama
	razón para no creerlos;
	y así, culpo el desengaño
	y la duda seguir quiero,
	que él mata, aunque, desengañe
	y ella alivia, aunque dé celos.

Fileno	Y esos celos que tenéis,
	¿de quién los tenéis?

Marqués   Los tengo
del dotor Madrid.

Fileno   Decidme,
¿y si yo que os di esos celos
os los quito?

Marqués   Bien podéis,
no siendo verdad todo esto
que he visto.

Fileno   Todo es verdad.

Marqués   Pues si es verdad, ¿no podemos
ver cómo me lo quitáis?

Fileno   Como os volváis de ese espejo
a esotra parte...

(Vuélvese el marqués al otro lado.)

Marqués   ¿Y en él
que he de ver?

Fileno   Veréis de nuevo
la casa de don Alonso.

Marqués   ¿Ya no vi en ella a don Pedro
Bermúdez?

Fileno   Sí, en ella está
escondido.

Marqués	¿Con qué intento
	otra vez me le enseñáis?

Fileno	Ahora veréis al intento
	que os dije que se ha escondido
	Don Pedro.

Marqués	Verle deseo.

Fileno	Atended.

Marqués	Atento estoy.

Zambapalo	Otro demonio tenemos.

(Donde salieron Carrasco y Bermúdez, salen doña Juana y Obregón, que es otro tablado segundo.)

Doña Juana	¿Obregón?

Obregón	¿Qué es lo que mandas?

Doña Juana	Mira en esos aposentos
	si hay alguien que nos escuche.

Obregón	¿Quién quieres tú que haya en ellos?
	Carrasquillo no está en casa;
	él cerró este cuarto, y luego
	al ama le dio la llave.
	¿Qué traes?¿qué tienes?

Doña Juana	Primero
	has de cerrar esas puertas
	por de fuera.

Obregón   Ya las cierro.

(Cierra.)

Bermúdez   (La voz en aquesta sala,
                                si no me engañó el deseo,
                                de don Alonso he escuchado.

(Va saliendo Bermúdez acechando.)

                                Desde esta cortina quiero
                                ver lo que pasa, si puede
                                ver bien un amor tan ciego.)

Doña Juana   Toma esas llaves ahora,
                                y sácame...

Obregón   No te entiendo.

Doña Juana   Un vestido de mujer
                                de los que guardados tengo.

Obregón   Di ¿para qué efecto?

Doña Juana   A ti
                                nada de mí te reservo.

Obregón   Cualquier secreto me puedes
                                fiar, pues sabes que tengo
                                con el amor de criado,
                                lealtad igual, igual pecho.

Doña Juana   Pues los secretos menores

	te he fiado, y eres dueño desde mi primera edad solo tú de mis intentos quiero fiarte el mayor.
Obregón	¿Puede haber mayor secreto que saber que eres mujer?
Doña Juana	Otro mayor.
Obregón	No le creo; dile.
Doña Juana	Que siendo mujer tengo amor y tengo celos.
Bermúdez	¿Qué es esto, cielos, que escucho?
Zambapalo	Ah, Señor, ¿qué dices deso?
Marqués	Aún no lo creo.
Bermúdez (Aparte.)	(Vencí.)
Marqués	Oye y mira.
Zambapalo	Escucho y veo.
Obregón	Pero pedirme un vestido de mujer, ¿para qué efeto puede ser? mira lo que haces.
Doña Juana	No te pido ahora consejos.

Obregón	¿Pues qué es lo que pides?
Doña Juana	Solo que hagas lo que yo te ordeno.
Obregón	Aquí tienes un vestido que ayer saqué.

(Sácale un vestido de mujer, y vase desnudando el de hombre.)

Doña Juana	Dame presto ese engaño de los ojos: vengan las galas que fueron desprecio de la hermosura, siendo ellas quien la hacen menos; las ricas y hermosas telas
(Vístese de mujer.)	vengan, que artífice atento las tramó para el adorno, y sirven para el estruendo. Por mi rostro y por mis hombros, sin orden baje el cabello, a cuya docilidad puso la industria preceptos.
Obregón	¿Y en qué piensas?
Doña Juana	Dame un manto.
Obregón	¿Y qué intentas?
Doña Juana	Hablar quiero.
Obregón	Responde.

Doña Juana	Que Serafina
	padezca el mal que padezco.
	Con celos me he de curar,
	pues me han herido con celos;
	yo quiero a un hombre a quien ella
	favorece, y así intento
	en casa de Serafina
	ir a decir que le quiero,
	y darla celos también
	disfrazada.

Doña Juana   Que Serafina
             padezca el mal que padezco.
             Con celos me he de curar,
             pues me han herido con celos;
             yo quiero a un hombre a quien ella
             favorece, y así intento
             en casa de Serafina
             ir a decir que le quiero,
             y darla celos también
             disfrazada.

Zambapalo   ¿Estás contento?
             Celos de ti la pedía
             pero eran por ella.

Marqués   Necio,
             calla.

Bermúdez (Aparte.)   (¿Si porque me dio
             en la academia aquel premio
             Serafina está celosa?
             Tan ciego estoy, que lo creo.)

Obregón   Pues aquí dentro te puedes
             poner el manto.

Bermúdez   Ahora es tiempo.

(Van a entrar, y topan de cara a Bermúdez.)

Doña Juana   ¡Válgame el cielo! ¿Qué miro?
             ¿Cómo aquí? ¿Cómo vos dentro?
             ¿Cuándo en mi casa a estas horas?

Bermúdez	Sosegaos.
Zambapalo	Viven los cielos, que esto es lo que quería ver el Marqués.
Marqués	Aún no es esto.
Bermúdez	No tengáis miedo, Señora, porque siendo yo el que os veo y el que os adora, yo soy el que ha de tener el miedo.
Doña Juana	¿Cómo entrasteis aquí?
Bermúdez	Amor me ha dado el atrevimiento.
Doña Juana	¿Quién fue el cómplice...
Bermúdez	Una duda.
Doña Juana	de esconderos?
Bermúdez	Un deseo de saber si érades vos la que al Tormes lisonjero lazos fió equivocado cristal con cristal más bello.
Doña Juana	¿Luego vos...
Bermúdez	Yo fui el que os vio.

Doña Juana   ¿Y por eso fue...

Bermúdez   Por eso
os amaban sin amaros
confusos mis pensamientos.

Doña Juana   Pues ¿qué intentáis?

Bermúdez   Que pues fui
tan feliz, que a ocasión llego
de saber que no sois quien
pensé que erais...

Zambapalo   Ahora temo
una relación.

Bermúdez   Digáis
quien sois.

Doña Juana   Pues negar no puedo
lo que soy, quiero empeñaros
por amante y caballero.

Bermúdez   Decidme, ¿en qué?

Doña Juana   En confiar
de vos...

Zambapalo   ¿Qué será?

Doña Juana   Un secreto.
¿Daisme palabra?

Bermúdez   A esos ojos

126

la doy, pues que son mis cielos,
de que a vuestro labio, nunca
fíe esa verdad mi pecho.

Doña Juana   Pues oíd: ya amor escucha,
                  que oye mejor, como es ciego.

Zambapalo   ¡Gran noche! Señor, ¿qué dices?

Marqués   Prodigios son cuantos veo.

Fileno   ¿Creéis que hay magia, Marqués

Marqués   Luego hablaremos secreto.

Doña Juana   Doña Juana de Madrid
                  es mi nombre; dióme el cielo
                  nobles padres, mas no ricos;
                  esto a mis padres les debo,
                  la pobreza me dejaron,
                  la senda donde pudieron
                  coronarme de virtudes
                  las edades y los tiempos;
                  que si la riqueza tiene
                  tan cercano parentesco
                  con la ignorancia, que es madre
                  de los vicios, y si vemos
                  que de la sabiduría
                  es la pobreza un efecto,
                  que temporal la ignorancia
                  aspira al laurel y al cetro.
                  Que hace la sabiduría.
                  De las coronas desprecio;
                  no la ignorancia y riqueza

es la que logran deseos;
pobreza y sabiduría
es de lo que yo hago precio,
pues se muere deseando
y se vive mereciendo.
Tendría yo doce años,
cuando mis padres quisieron
darme estado y darme esposo;
mas como nunca a mi pecho
llegó una flecha de cuantas
vibraba el amor atento,
que acertar a un corazón.
No es empresa para un ciego,
y como mi inclinación
desde mis años primeros
fue a lograr la disciplina
de los libros, no de aquellos
que inventa la ociosidad
ni otros que margena el cielo,
que los que enseñan no son
los muchos, sino los buenos.
Dueña yo de mi albedrío,
rehúso el lazo, creyendo
que me le den como alivio
y me ofenda como peso;
pero viendo el padre mío
mi inclinación, y midiendo
cuánta es la distancia que hay
de su atención a mi ruego,
un maestro me previene
que atienda a enseñarme luego
la gramática, que es lengua
de ciencias y artes; a oír tiempo
la Retórica y las cuatro

liberales, donde leo
por la Astronomía cuanto
el dedo de Dios inmenso
fue escribiendo con estrellas
en todo ese octavo cielo.
Ni cuando en Madrid, mi patria,
guiada de mis deseos,
no conocida de nadie,
sin ser envidia, fui ejemplo;
mi anciano padre faltó
de morir con tal deseo,
que en la memoria y la fama
dejó otra vida muriendo.
Quedé, sola y quedé pobre;
si dije pobre, basta esto,
que con decir lo segundo
se entendía lo primero;
y un día, entre otros que estaban
la soledad y el deseo
representándole especies
ciegas a mi pensamiento,
llena la imaginativa
de entes de razón diversos,
que obrando como fingidos,
los vi como verdaderos.
Yo misma me dije a mí:
¿de los hombres el ingenio,
el espíritu, el valor,
acaso es mayor que el nuestro?
A los hombres, ¿quién les dio
este común privilegio
en las lides y en las ciencias
de ser árbitros a un tiempo?
Si a nuestra flaqueza achacan

debilidades, no quiero
que funden su tiranía
en el desmérito ajeno:
si como ellos las mujeres
asistieran al manejo
del arcabuz y la pica
que el uso adiestra el esfuerzo;
si se criaran robustas,
no extrañando y resistiendo
del estío la inconstancia,
la variedad del invierno;
reconocieran los hombres
en batallas y reencuentros,
cómo era más su valor,
no siendo su fuerza menos.
Pero demos que en las lides
débiles sean, y demos
que digan que la experiencia
hace lo que el uso ha hecho;
pregunto, ¿es débil también
como el ánimo el ingenio
de las mujeres? el alma
que se ha ordenado y compuesto
de voluntad, de memoria,
y en el noble entendimiento
de aprensión, juicio, discurso,
por ser de mujer, ver quiero
destas tres operaciones
cuál es la que tiene menos;
pues a nosotras, ¿por qué
nos impiden que cursemos
lid y escuela, si en nosotras
hay igual valor y ingenio?
Y esto es, que como los hombres

son unos tiranos nuestros,
que de nuestra libertad
se alzan con todo el imperio,
mañosamente procuran,
viendo que hemos de excederlos,
para lucir sus errores,
deslucir nuestros aciertos.
Pues si esto es así, decía,
quitarme este traje quiero,
y en Salamanca, pues no hay
quien me conozca, ser pienso
envidia y admiración
de antiguos y de modernos;
y disponiendo también
este criado a este efecto,
que en el traje y el valor
fue imitación de su dueño;
trayendo alguna joyuela
que yo cautelé a este intento,
y el doméstico homenaje
feriado al primero precio,
salgo de Madrid, mi patria,
llego a Salamanca, empiezo
a cursar sus doctas clases,
y en ellas experimento
que es verdad que en las mujeres
hay valor y ingenio, puesto
que igualmente necesarios
en esta ocasión me fueron
ingenio para seguirlo
y ánimo para emprenderlo;
seis años habrá que estoy
en Salamanca, y, en ellos
he sido todo el aplauso

de la escuela en los primeros
años, sustentando actos,
en otros sustituyendo
cátedras, hasta alcanzar
de doctor el grado, siendo
generoso el de Villena,
quien me ayudó para serlo;
y cuando con vos (agora
si que quisiera deberos,
que entendiera por los ojos
el idioma del silencio)
cuando con vos competía
en esta cátedra ¡cielos!
Si los suspiros alivian
¿cómo suspiro y no aliento?
Digo, que cuando pensaba
que había burlado el sexo
mujeril, logrando el traje
equivocado a mi fuego;
mis lágrimas y mis voces
errando la senda al pecho,
pues hablo lágrimas puras
y lloro palabras luego;
digo, que como habla tanto
que era hombre, estuve creyendo
que no había sido mujer,
y acordómelo amor necio.
Y yo dije: mujer soy,
porque voz y traje miento,
que no pudiera haber hombre
que amara como yo quiero.
Y ansí...

Bermúdez   ¿Y por qué os vestisteis

de mujer?

Doña Juana   Es porque tengo
                    celos, y es este su traje.

Bermúdez   ¿Y este no?

Doña Juana   No es este el mesmo,
                    porque ese es el de fingirlos.

Bermúdez   Y este el traje de tenerlos.
                    ¿Y a quién amáis?

Zambapalo   Esta es otra.

Doña Juana (Aparte.)   (Si no se lo digo, temo
                    que ha de revelar quien soy,
                    y si lo digo me arriesgo,
                    viendo que no es él querido
                    a que descubra el secreto.
                    ¿Qué haré?)

Marqués   Veamos a quien dice.

Doña Juana (Aparte.)   (Desta industria me aprovecho;
                    quiero empezar a fingir,
                    pues a ser mujer empiezo.)
                    Pues digo que el tiempo...

Bermúdez   Hablad.

Doña Juana   Os dirá, señor don Pedro,
                    a quien quiero.

Bermúdez   ¿Luego yo
puedo ser feliz?

Doña Juana   No puedo
deciros más.

Bermúdez   ¿Pues porqué?

Doña Juana   Hasta que sepa de cierto
si queréis (¿qué le diré?)
a una dama.

Bermúdez   Oíd primero;
si pensáis que a Serafina
quiero, mátenme los cielos
si no la aborrezco.

Doña Juana (Aparte.)   (Agora
me he de valer de lo mesmo
que él dice.) ¿Y en la academia,
siendo yo quien lo merezco,
no os dio un favor?

Bermúdez   Es ansí;
bien dije yo que era el premio;
mas fue premio y no favor.

Doña Juana   Pues yo he de saber primero
si la amáis.

Bermúdez   Pero decidme,
después de satisfaceros,
¿puede tener esperanza
mi amor?

Doña Juana	El premio os ofrezco
(Aparte.)	(Y así el secreto aseguro),
	si vos me guardáis secreto.
(Aparte.)	(Desta suerte he de engañarle.)

Fileno   ¿Qué decís?

Zambapalo   ¡Hay más enredos!

Fileno   ¿Y agora, señor Marqués,
                  tenéis celos?

Marqués   Celos tengo,
                  que unos celos me quitasteis,
                  y me habéis dado otros celos.

Fileno   ¿De quién?

Marqués   De don Pedro son.

Fileno   ¿Por qué son?

Marqués   Porque estoy viendo
                  que para sitiar dos damas
                  tiene tomados los puestos.

Bermúdez   Pues yo os vendré a ver.

(Díceselo a doña Juana.)

Doña Juana (Aparte.)   (¡Por dónde
                  pudo esconderse aquí dentro!
                  ¡Que me aborrezca quien amo,

y me ame a quien aborrezco!)

Marqués (Aparte.)   (De cuanto esta noche he visto
a solos mis celos creo.)

Bermúdez   Valiole a mi amor su industria.

Doña Juana (Aparte.)   (Burlome amor.)

Fileno (Aparte.)   (Llegó el tiempo
de que mi ciencia acredite.)

Doña Juana   Vengareme si esto es cierto.

Marqués   ¡Qué se ha burlado el amor
de quien burló mis deseos!

Doña Juana   ¡Oh si yo hubiera estudiado
solo aborrecer!

Bermúdez   No quiero
saber más ciencia que amor.

Marqués   Desta ciencia experimento,
que cuando me enseñan más,
es solo cuando sé menos.

Fileno   ¿No creéis que hay magia?

Marqués   Aún no.

Zambapalo   Y dime, Señor, ¿es esto
lo que quieres ver?

Marqués	Tampoco.
Bermúdez	¡Gran dicha!
Doña Juana	¡Grande tormento!
Fileno	Pues desaparezca todo desta suerte.
Zambapalo	Volaverunt.

(Da un golpe con el báculo Fileno, y vuelan a la par los dos tablados con todas las personas.)

Fin de la segunda jornada

Jornada tercera

(Salen Cetina y Julia.)

Cetina   ¿Qué me dices?

Julia   Esto pasa.

Cetina   ¡Jesús!

Julia   ¿Qué te maravilla?

Cetina   ¿Tú en mi casa, Julianilla,
                y a estas horas?

Julia   Yo en tu casa;
                despidiome la menguada
                de mi ama: es rara figura.

Cetina   En tanto que el curso dura
                no te ha de faltar posada;
                dame, Juliana, un abrazo.

(Abrazala.)

Julia   ¿No hay luz? ¡Oh qué escuro está!
                ¿Si hay para aceite?

Cetina   Si habrá;
                saquen aquí un...

(Sale Carrasco con un candil.)

Carrasco   Candilazo.

Julia	Candil, alhaja civil, de luz te pido que mudes.
Cetina	¿No sabes tú las virtudes del aceite de candil?
Julia	Carrasco, ¿tú estás aquí?
Carrasco	Julia, ¿aquí te has venido?
Julia	Mi ama me ha despedido.
Carrasco	Y el dotor Madrid a mí. Mas a ti, Julia, ¿por qué echarte de casa ordena?
Julia	Porque escondí al de Villena dentro de su casa fue.
Cetina	El esconderse podía sin llegarte a ti a ocupar, pues se puede aprovechar para eso de la magia, en que dicen, que tan diestro en tan poco tiempo está, que dicen que sabe ya mucho más que su maestro.
Julia	Pues yo del gran sentimiento para no echarme a perder, me he venido a recoger esta noche a este convento, donde me dicen que hay tantos

siervos de Dios.

Cetina   Si seremos:
Juliana, aquí pasaremos
la vida como unos santos.
Di, ¿Serafina no ama
al dotor Capón?

Julia   Ya no;
celos le dio y no volvió
más a visitar mi ama.

Cetina   Raras son cuantas alhajas
hay aquí en aquel rincón,
hay cama con su jergón.

Julia   ¿Pues duérmome yo en las pajas?

Cetina   Es verdad.

Julia   Seo Licenciado,
¿Me quiere?

Cetina   Quiérote bien,
o lléveme el diablo.

Carrasco   Amén.

Julia   Pues alce el dedo.

(Alza el dedo.)

Cetina   Quemado.
¿Zambapalillo?

(Sale Zambapalo.)

Zambapalo   No es nada.

Cetina   ¿Aquí también posas?

Zambapalo   Sí.

Cetina   ¿Qué traes?

Zambapalo   Lo que traigo aquí
es para visto.

Julia   Pedrada.

Zambapalo   ¿Pero no sabrán primero
qué les traigo?

Julia   Dilo, pues.

Zambapalo   Carta de tu padre es,
que ahora me dio el arriero.

Cetina   ¿Qué me dices?

Zambapalo   Vesla aquí.

Carrasco   Léela.

Cetina   Esa luz llegad.

Julia   No me darás la mitad
de lo que te enviaren?

142

Cetina	Sí.
(Lee.)	«Hijo de mi alma» ¡Qué extremos de padre, y qué grande amor!
Julia	¿Eres su hijo?
Cetina	Y el mayor. ¡Oh, padres, lo que os debemos!
(Lee.)	«Yo quisiera...»
Julia	Lee, pues.
Cetina	Estoy de contento loco, todo le parece poco cuanto me envía.
Zambapalo	Y lo es.
(Lee.)	«Ahora que en honra te he puesto, enviarte el mundo...»
Julia	¡Y qué honrado!
(Lee.)	«Pero el mundo está acabado.» No hay viejo que no dé en esto.
(Lee.)	«Mas no por esto imagino que puedo desconfiar. La viña del olivar se heló toda.»

Zambapalo	No habrá vino.
Cetina	De escucharte me provoco a rabia.
Zambapalo	¿Pues qué hablé yo?
Cetina (Lee.)	«La aceituna se apedreó.»
Zambapalo	Pues no habrá aceite tampoco.
Cetina (Lee.)	«Más no por eso...» Bien digo que eres tonto.
Zambapalo	Lo confieso; prosigue.
Cetina (Lee.)	«Mas no por eso ha habido cebada y trigo.»
Julia	Cetina, ¿qué más aguarda?
Cetina	Esto estaba yo esperando.
Zambapalo	Señor, leyendo y quemando, arda la epístola.
Cetina	Arda.

(Pónenla al fuego la carta, y van leyendo.)

Zambapalo	Agora de ti me río.
Cetina	«Mas con todo...»

144

Zambapalo	Algo tenemos.
Cetina	«Ahí te envío...»

(Soplan la carta y matan el fuego del papel.)

Julia	Soplemos, y no arda, esa te envío.
Cetina	Sí, y trátese con decoro palabra tan ejemplar; tal palabra había de estar escrita con etras de oro.
Julia	Ahora batiré plus.
Cetina	Habrá cobre para contentar a ruines.
(Lee.)	«Te envío dos celemines de bellotas, que estoy pobre.»
Zambapalo	¡Bellotas! ¿esto tenemos?
Julia	Dél no te puedes quejar, porque te quiere engordar.
Zambapalo	«¡Oh, padres, lo que os debemos!»
Julia	Razón de no enviar el cobre da en la carta.
Cetina	No la da.

Zambapalo	¿Si dice que pobre está?
Cetina	No engendrar quien fuere pobre; ¡oh viejecillo fiambre, setentón, padre postizo, holgarse cuando me hizo, y matarme agora de hambre! Vaya la Paulina, pues; el candil apropinquad.
Julia	Oye, acoto la mitad de la bellota.
Cetina	Tuya es.
Todos (Cantan.)	Al padre crüel y fiero que al hijo que está estudiando no envía de cuando en cuando el plus con el arriero, para que volver no pueda en sí de error semejante, la mano del estudiante, caiga sobre su moneda.
Todos	Amén.

(Todo esto lo van cantando en tono de Paulina.)

Cetina	A cuantos Nerones padres, guardan su dinero, con masilla de barbero les unten los corazones.

146

Todos	Amén.
Cetina	Padre que no envía la porción cotidiana, padezca cada semana nuestra hambre de cada día.
Todos	Amén.
Cetina	Callos tenga luego en lugar de sabañones, y así como estas razones están ardiendo a este fuego...
(Queman el papel.)	Por divina permisión quiera el que todo lo cría, que el dinero que no envía se le convierta en carbón.
Todos	Amén.
Cetina	Lindamente me burló, en vengarme estoy pensando.
(Llaman a la puerta.)	A esa puerta están llamando.
Carrasco	¿Abriré la puerta?
Cetina	No.
Zambapalo	¿Si envía a llamarme el Marqués?
Julia	¿Si envía a buscarme mi ama?
Juez (Dentro.)	¿No abren la puerta?

Cetina   ¿Quién llama?

Juez (Dentro.)   El Juez del Estudio es.

Cetina   Ay; que si te topa aquí...

Carrasco   Todos a la treta iremos.
                      ¿Adónde la esconderemos
                      que no la tope?

Julia   ¡Ay de mí!

Cetina   Oigan, qué torpes estamos.

(Llaman.)

Juez (Dentro.)   ¿No abren aquí?

Cetina   Si se espera;
                      saca ese bufete fuera.
(Saca un bufete.)   Y debajo la escondamos.

Carrasco   Aquí acomodarle suelo.

Cetina   Debajo te has de meter.

(Llaman.)

Juez (Dentro.)   Si no abren he de hacer
                      echar la puerta en el suelo.

(Meten a Julia debajo del bufete.)

Julia   Aquí veranme también.

Juez (Dentro.)	A un carpintero me llama.
Cetina	Una manta de mi cama pon por sobremesa.
Carrasco	Bien: ¡ linda industria, esta me agrada!

(Sacan una manta colorada, grande, y pónenla sobre el bufete de manera que la cubra.)

Cetina	Yo he echado por el atajo; ea, escóncete debajo.
Julia	Adiós con la colorada.
Cetina	Ahora todos estudiad recio, que es muy importante:

(Paséanse estudiando.)

	«Justicia, es una constante y perpetua voluntad»...
Carrasco	¿Vustedes piensan que es bobo el Juez del estudio?
Cetina	Pues...
Carrasco	Digo, que constante es la justicia.
Cetina	Nego.

Carrasco   Probo.

Cetina   No es constante, pues se vio
                         que la mundana malicia...

(Llaman.)

Juez (Dentro.) Abran aquí a la Justicia:
                         verán si es constante o no.

Julia   Ahora abre.

Cetina   De buena gana.
                  ¿Quién es?

Juez (Dentro.)   ¿No lo ha oído antes?

Portero I (Dentro.)   El señor Juez de estudiantes.

Cetina   Hablara para mañana
                  Señor.

(Abren, sale el Juez, dos porteros y Fileno.)

Juez   Por lo que han tardado,
                  los tengo de castigar.

Cetina   En empezando a estudiar
                  un hombre, está embelesado.

Juez   ¡Estudiar! bien por mi vida.

Cetina   Fileno, ¿a qué viene acá?

Juez	¿Dónde una mujer está que tienen aquí escondida?
Cetina	Demonios de ciento en ciento la lleven si ha entrado aquí, señor Juez.
Julia	_lévente a ti.
Juez	Buscadla en ese aposento.
Cetina	¿Y Fileno, para qué viene con vos a rondar?
Fileno	A vos os vine a buscar y al señor Juez encontré. Que tengo que hablar con vos.

(Búscanla los porteros.)

Cetina	A vuestra orden me tenéis.
Juez	Ea, ¿no la buscáis? ¿qué hacéis?
Portero I	No parece.
Juez	Bien por Dios. Yo la oí hablar, y es gentil modo de ancarla a buscar.
Portero II	¿Aquí, dónde puede estar?
Julia	Que te quemas, alguacil.

151

Juez	Una mujer no era cosa que escondérseme podía.
Fileno	En otra casa sería, que esta es gente virtuosa.
Portero I	No hay cortina que la tape; cueva ni desván se ve.
Portero II	sino es que debajo esté de aqueste bufete.
Julia	¡Zape!
Fileno	¿Aquí puede estar?
Cetina	No arguyas sobre eso. Lléguelo a ver.
Juez	Que quitéis es menester el bufete.

Cetina (Aparte al oído a Fileno.)
                              Haz de las tuyas
Fileno.

Carrasco   Más que corrida
quedará.

Cetina   No la quitéis.
¡Ah señor Juez!

Juez   ¿Qué queréis?

Cetina	Confieso que está escondida...
Juez	Decía.
Cetina	Esa desdichada... Ahí debajo.
Juez	¿Qué he de hacer?
Cetina	Pero es principal mujer, sobre ser mujer casada; faltas son de un hombre mozo, si podéis excusar bella...
Juez	Eso es bueno; vos y ella habéis de ir a un calabozo. De donde la han escondido la sacad.
Portero I	Eso es peor; aquí no hay nadie, Señor.

(Quita un Portero la mesa y la manta y no hallan nada debajo.)

Fileno (Aparte.)	(Yo la he desaparecido.)
Juez	Esa sobremesa alzad.
Cetina	¡Ay! ¿qué es eso?
Carrasco	Esta fue brava.
Juez	¿Pues no dijisteis que estaba

aquí debajo?

Cetina   Es verdad.

Juez   ¿Qué es della?

Cetina   Yo mentiría.

Juez   ¿A mí engañarme y mentir?

Cetina   Yo por no contradecir
                   a vuesarced lo decía.

Juez   Sois un gran desvergonzado.

Cetina   Vuesamerced, sabe honrar.
(Aparte.)   (¿Por dónde pudo escapar
                   Julia?)

Carrasco (Aparte.)   (El Juez la ha mamado...)

Cetina   Yo estudiaba.

Carrasco   Yo también.

Juez   Fileno, quedad con Dios.

Fileno   Guárdeos el cielo.

Juez   Por vos
                   no le castigo.

Cetina   Hace bien.

Fileno	Toda es virtuosa gente.
Juez	Ea, noramala, estudiar.
Cetina	Para usted siempre ha de estar esta posada obediente.

(Vanse el Juez y los porteros.)

¿Fuese?

Carrasco	Sí.
Cetina	Pues cierra ya.

(Cierra.)

Carrasco	Cierro.
Cetina	Zambapalo, di, ¿a Julia no escondí? ¿Pues cómo, dime, no está donde la escondí?
Carrasco	¡Qué fuera que ahora no la hallemos!
Cetina	¿No?
Fileno	Nada os espante, que yo quise que el Juez no la viera, y la desaparecí Y agora parecerá. Ahí está.

Cetina   ¿Debajo está
de la sobremesa?

Fileno   Sí.

Cetina   Según he visto, y según
obráis, me burláis también;
no está aquí.

Fileno   Miradlo bien.
¿Ha Julianilla?

Julia   Ego sum.

Cetina   Exi foras.

Julia   El tontazo
del Juez, ¿cómo no me halló?

Cetina   Porque fue quien te encubrió
Fileno.

Julia   Dadme un abrazo,
(Abraza a Fileno.)   redentor mío.

Cetina   ¿Y a qué
en mi casa me buscáis?

Fileno   A pediros que vengáis
a mi posada.

Cetina   Sí haré.

Fileno	Por la mañana.
Cetina	Está bien.
Fileno	Pues a las nueve os espero.
Cetina	A veros iré el primero.
Fileno	Vos Zambapalo, también habéis de ir
Cetina	De buena gana.
Zambapalo	Pues los dos ¿qué hemos de hacer en vuestra cueva?
Fileno	Ha de ser grande día e de mañana.
Cetina	Que me digáis solo pido ¿yo a qué he de ir?
Fileno	Tú lo verás; mis discípulos no más son a los que yo convido.
Cetina	Mucho confieso que os debo.
Zambapalo	No hay más hombres que los dos.
Cetina	Pues, Fileno, adiós.
Zambapalo	Adiós.

Cetina	Vamos.
Zambapalo	A mucho me atrevo.
Cetina	Famosamente se ordena.
Fileno	Sí, pero en llegando el día veréis.
Cetina	¿Qué?
Fileno	Lo que quería ver el Marqués de Villena.

(Salen Serafina y Criada, y doña Juana y Obregón, por dos partes diferentes; doña Juana vestida de estudiante.)

Doña Juana	¿Si estará el Marqués en casa?
Serafina	¿Si habrá venido el Marqués?
Obregón	En casa dicen que está.
Criada	Espérate y lo sabré.
Doña Juana	Yo lo quiero preguntar.
Serafina	Ha, caballero, ¿sabéis si está su excelencia en casa?
Doña Juana	En casa está.
Serafina	Tápate.

Criada	¿Don Alonso?
Serafina	Yo lo hago. ¿Que aquí me hallase después que ha tanto que no me ha visto? ¡Hay tal azar!
Doña Juana	No os tapéis, bellísima Serafina, porque os viese, que no es bien amenazar con el día y dejar de amanecer. ¿Vos os escondéis de mí, Serafina?
Serafina	No hay por qué de vos pueda recatarme.
(Aparte.)	(Ahora, amor, he menester disimular y fingir.)
Doña Juana	Vistiéndose está el Marqués, yo avisaré como vos...
Serafina	Aguardad, no le aviséis, que en esta segunda pieza, mientras se viste, podré esperar. ¿Vos cómo estáis don Alonso?
Doña Juana	Desde que no os veo, con menos gusto; mas también confesaré que más sosegado estoy desde que os dejo de ver.

(Aparte.)	(¿A qué vendrá Serafina?)
Serafina (Aparte.)	(¿Que no me pregunte a qué busco al Marqués? Ya no me ama.) ¿Qué, tanto ha que no me veis?
Doña Juana	Seis siglos me han parecido seis meses.
Serafina	Esa es falsedad.
Doña Juana	Verdad del alma es sola.
Serafina	Lo que yo sé, es que hoy, como el primer día, me adoráis.
Doña Juana	¿En qué lo veis?
Serafina	El que sabe de memoria cuanto ha que deja de ver su dama, aunque la dejase no la deja de querer.
Doña Juana	¿Os acordáis de la tarde de aquella academia?
Serafina	¡Pues qué fina estaba yo entonces con vos!
Doña Juana	No sé para qué

gastáis esas falsedades
conmigo. ¿Os acordáis
de una noche que os pedí
celos?

Serafina   ¡Ay! ¿qué noche fue?

Doña Juana   Una en que yo entré diciendo:
falsa, traidora, crüel,
áspid engañosa, y otras
locuras deste jaez,
que aunque eran para sentir,
eran para entretener;
y después de haberlas dicho
no volví más, y os dejé,
quedando...

Serafina   ¿Fue, don Alfonso!

Doña Juana   Fue una noche que...

Serafina   Tened;
no fue la que me dejasteis,
fue la noche que os envié;
ya me acuerdo de esa noche,
gracioso tiempo era aquel.
¿Os acordaréis de un día
que me decíais: «Mi bien
ojos de mis ojos bellos,
ya que alumbráis, no ceguéis;
y pues os dejáis amar,
ojos míos, dejaos ver»?

Doña Juana   Sí, y a las mejillas vuestras

dije mil cosas también
coloradas, y a los dientes,
si no me engaño, ensarté
dos mil requiebros de perlas;
pues al hoyo que tenéis
hermosísimo en la barba
dije bellezas también.
Uno fue entre otros requiebros,
no sé si me acordaré,
ah, sí, que era panteón
de plata con urnas cien,
donde estaban sepultadas
las almas que muerto habéis.

Serafina   ¿Eso me dijisteis?

Doña Juana   Sí,
graciouso tiempo era aquel.

Serafina   ¿Y a qué venís a buscar
al Marqués?

Doña Juana   A agradecer
la cátedra, que ya es mía,
pues ha podido el Marqués
hacer que toda la escuela
votase por mí.

Serafina   Seréis
catedrático gracioso,
tan lampiño.

Doña Juana   No penséis,
que aunque autoriza la barba;

se sabe por ella.

Serafina   Bien;
mas como tan larga la usan,
que consistía pensé
en tenerla o no tenerla
el saber o no saber.

Doña Juana   ¿Y vos a qué habéis venido
a ver el Marqués?

Serafina   No sé.

Doña Juana   Acabad, decidlo.

Serafina   Tengo
cierta intercesión con él.

Doña Juana (Aparte.)   (Aunque darme celos quiere,
celos no puedo tener
de que ella le quiera, puesto
que si yo le quiero a él,
y es ella la que le busca,
no es él quien la quiere bien.)

Serafina   Digo, que al Marqués buscaba,
pero él sale.

(Sale el Marqués.)

Marqués   No creeréis,
bellísima Serafina,
lo que he sentido no haber
sabido antes que esperabais

en esta sala.

Serafina

Ya sé
cuán cortesano y atento
sabe vuecelencia ser.

Marqués

¿Vos qué queréis, don Alonso?

Doña Juana

Después de besar los pies
a vuecelencia, quería...

Marqués

Esperad, primero es
cumplir con esta visita.

Doña Juana
(Aparte.)

Digo, que os esperare
en esta sala. (¡Ay de mí!)

Serafina (Aparte.)

(¡Cielos, quién pudiera hacer
que don Alonso me oyera!)

Doña Juana (Aparte.)

(Voime, que no quiero ver
mis celos.)

Marqués

¿No os sentáis?

Serafina

Sí.

Marqués

¿Qué me mandáis?

Serafina

Atended;
don Enrique de Villena,
señor mío...

Marqués

Saber ser

vuestro esclavo, es para mí
lo más que yo estimaré.

Serafina   Digo, que anoche en mi casa...

Marqués   Ya yo os entiendo; vendréis
a reñir, que en vuestro cuarto
me escondí anoche.

Serafina   No es
esto a lo que vengo agora;
mas vengo por eso, y creed
que a quien anoche obligastes
no os escoñderá otra vez.

Marqués   Yo me fui, vos me sentisteis.

Serafina   Pues ahora he menester
licencia.

Marqués   Jamás he visto...
Quejaos, hablad, Serafina.

Serafina   Digo, que habrá cuatro o seis
años que a esta gran ciudad
de Salamanca a aprender
ciencias y artes os condujo
vuestro grande ingenio, a quien
los mayores de la escuela
rinden vasallaje, pues
en Leyes, Filosofía
natural, en conocer
por la docta Astronomía
cuanto en ese azul papel

escribieron las estrellas
para el mal y para el bien;
en la magia natural,
tan difícil de entender,
que nadie piensa que la hay
y vos solo la sabéis;
el último y el primero
sois, y el que ha llegado a ser
voz y aplauso, envidia y honra,
sin que os mueva el interés
de conseguir grandes puestos,
que si vos darlos podéis,
claro es, señor don Enrique,
que a vos no os puede mover
el útil del conseguir,
sino el triunfo del saber.
En este tiempo, Señor,
tan galante procedéis,
tan generoso, que no hay
en la escuela quien no esté
pagado de vos si es pobre,
prendado, si no lo es;
y no es lo más que os alabo
el dar, alabo el saber
dar a ocasión, que hay algunos
en las cortes, que aunque den
dan adonde ha de saberse,
y no donde es menester.
Sola yo, Príncipe mío,
sola yo, perdonaréis
que sea con vos grosera
la queja, pues siempre lo es.
Yo sola, vuelvo a deciros,
he llegado a merecer,

	que lo que a todos les dais,
	a mí sola me quitéis.

| Marqués | ¿Qué doy yo que a vos os quite? |

Serafina	A todos, señor Marqués,
	dais honra y a mí no más
	me la quitéis.

| Marqués | ¿No tendré |
| | méritos para quereros? |

Serafina	Antes eso es al revés;
	galán, señor don Enrique,
	sois, tanto como cortés,
	o al menos, si no lo sois,
	a mí me lo parecéis;
	más sois también, atendedme.

| Marqués | Vuestro soy. |

Serafina	Nieto de un rey
	de Castilla; yo, Señor,
	soy (de aquesto os reiréis),
	una mera escuderota,
	en cuya antesala, aunque
	haya alumbrado farol,
	nunca ha ilustrado dosel.
	Para mujer vuestra soy
	poca mujer, ya se ve;
	pues para ser vuestra dama
	vengo a ser mucho también;
	que allá en la montaña tengo
	de cierto solar, que fue,

aunque los techos por tierra,
entera alguna pared;
toda la ciudad murmura,
y puesto que no he de ser
ni mujer ni dama, agora
nuevo Alejandro, podéis
darme a mí, sin que sea vuestra,
a mí propia por merced;
generoso sois con todos,
sedlo conmigo esta vez,
libradme a mí mi albedrío,
que amor tengo y quiero bien;
y aunque me estorbáis el lazo,
no descomponéis la red;
solo da aquel que da honra
honra os pido, agradeced
un desengaño a mi queja,
pues podéis lograr con él
que no esté esa voluntad
ociosa sin esta fe;
esto os suplico, esto os ruego,
honrad y favoreced
una mujer que os merece
este favor por mujer,
para que hoy puedan decir
los que os llamaron ayer
porfía de mi constancia,
que habéis sido, y que seréis
tan desconfiado, tan fino,
tan generoso, tan fiel,
tan atento, tan bizarro,
tan galante, y tan cortés,
que ha hecho con vos el ruego
lo que no pudo el desdén.

Marqués

A no ver yo que sois vos
la que habáis, pudiera creer
que no erais vos, Serafina;
mucho he sentido que erréis,
siendo tan gran cortesana,
el estilo del desdén;
quejaos, sí, de mi porfía,
decid que me aborrecéis,
llamad tema a mi constancia,
tiranía a mi poder;
mis desméritos pulid
allá como vos sabéis,
haciéndoos menos a vos
porque yo lo venga a ver;
pero sobre los desaires
venir vos misma después
a que oiga de vuestro enojo
que a otro amante queréis bien
es una queja sin arte,
una verdad con doblez,
sin gala un desprecio y una
venganza muy descortés;
que me dejéis no lo excuso,
yo mismo os ayudaré
a retirarme de vos,
mas que me dejéis querré
a mí por mí; mas no admito
que por otro me dejéis;
decir que otro amante amáis,
y decir que os deje, no es
venir a apagar la llama,
sino venirla a encender;
pero ya que me decís

que es otro a quien vos queréis,
yo os he de dar a vos misma,
y conmigo ha de poder
más vuestro ruego, que todos
los desaires que me hacéis;
esperadme en vuestra casa.

Serafina   ¿En mi casa, para qué?

Marqués   En ella os he de casar
con quien vos...

Serafina   ¿Pues vos sabéis
el amante que yo quiero?

Marqués   Serafina, sí lo sé,
y un secreto...

Serafina   ¿Qué secreto?

Marqués   Que ahora no podéis saber.

Serafina   ¿Por la magia?

Marqués   Por la magia.

Serafina   No es posible.

Marqués   ¿Lo creeréis
si yo llevo a vuestra casa
vuestro amante?

Serafina   Creeré
que me dais honor y vida.

Marqués	Pues vuelvo segunda vez a decir que os ha de dar la mano.
Serafina	¿Y vos quedaréis sin celos?
Marqués	Del que ha de darlos yo no los puedo tener.
Serafina	No os entiendo.
Marqués	Lo que digo es, que vos me vengaréis de vos.
Serafina	¿Cor qué?
Marqués	Con casaros.
Serafina	Si esa la venganza es, vengaos luego.
Marqués	Eso deseo.
Serafina (Aparte.)	Pues digo, que esperaré en mi casa. (Amor, vencí.)
Marqués (Aparte.)	(Viles celos, ya os vengué.) Adiós.
Serafina (Aparte.)	(Un gran corazón, aunque se vengue, obra bien.)

(Vase.)

Doña Juana	Salir quiero, ya se ha ido.
Marqués	¿Don Alonso?
Doña Juana	A agradecer la cátedra que por vos...
Marqués	No me puedo detener, que voy agora a la cueva de Fileno, y voy a pie, como está cerca.
Doña Juana	Pues yo acompañándoos iré.

(Van andando.)

Marqués	¡Gran fineza!
Doña Juana	Lo que yo os quiero aún no lo sabéis,
Marqués	Sé quien sois, y sé lo mucho que os debo.
Doña Juana (Aparte.)	(Él me da a entender que sabe quien soy.)
Marqués (Aparte.)	(Ansí me pienso vengar.)

Doña Juana   Muy bien
                    me parece que os visiten
                    damas.

Marqués   ¡Oh! esta dama es,
                    sobre pobre y escudera,
                    vana como Lucifer.

(Van andando.)

Doña Juana   ¿Y no os quiere?

Marqués   Qué sé yo.

Doña Juana   ¿Pues qué os dice?

Marqués   Díceme,
                    que a otro quiere.

Doña Juana   ¿Esto sufristeis,
                    señor Marqués?

Marqués   ¿Qué he de hacer?

Doña Juana (Aparte.)   (Ahora es tiempo.) Yo conozco
                    a una dama...

Marqués (Aparte.)   (Esta mujer
                    anda buscando el camino
                    de decirme que lo es,
                    pero impórtame atajarla.)

Doña Juana   Que sé yo que os quiere bien,
                    y no lo dice de miedo

que no la habéis de querer.

Marqués   ¿Muy hermosa?

Doña Juana   Tan hermosa
como Serafina.

Marqués   ¿A fe?
¿La he visto yo?

Doña Juana   La habéis visto.

Marqués   Pues no lo debe de ser.

Doña Juana (Aparte.) (¿Que esto oiga? Para los hombres,
como quieren al revés,
siempre el cariño es muy feo
y muy hermoso el desdén.)

Marqués   ¿Y vos no tenéis amor?

Doña Juana   Sí tengo; ¿pero creeréis
que he desconfiado de oíros?

Marqués   Decidme, ¿porqué?

Doña Juana   Porque
si se aborrece a quien ama,
recelo...

Marqués   No desconfiéis,
que yo sé bien...

Doña Juana   ¿Qué decís?

174

Marqués	Que os paga a quien vos queréis.
Doña Juana	Vos, ¿cómo podéis saberlo?
Marqués	¿Queréis saber que lo sé?
Doña Juana	Sí.
Marqués	En casa de Serafina hemos de ir.
Doña Juana	¿Cuándo?
Marqués	Después que haya salido de aquí.
Doña Juana	¿Y no me diréis a qué?
Marqués	A burlar yo a quien me burla a que os premie quien queréis.
Doña Juana (Aparte.)	(Si sabe el Marqués quien soy, y por vengarse de quien le aborrece dar el premio quiere a mi amor y a mi fe...)
Marqués (Aparte.)	(Aunque ofrezco a doña Juana pagar su amor, aquel que una mujer desengaña sin ofenderla, cierto es que si en amor no la paga, la paga en no la ofender.)

Doña Juana (Aparte.) (Y esto fuera despicarse
conmigo, y no me está bien
un desaire; mas no importa,
lógrelo yo, vénguese él.)

Marqués (Aparte.) (¡Qué infeliz es la constancia!)

Doña Juana (Aparte.) (¡Cobarde el mérito es!)

Marqués (Aparte.) (Sabiendo que otra me ama,
quizá me querrá.)

Doña Juana (Aparte.) (También
puede ser que el Marqués me ame;
confianza, amor.)

Marqués Ya llegué
a la cueva de Fileno.

Doña Juana Esperándoos estaré
en casa de Serafina.

Marqués Yo os iré a buscar después.

Doña Juana Valor, esperanza mía.

(Vase.)

Marqués Amor, morir o vencer;
dentro de la cueva he entrado,
y a nadie en ella encontré.
¿Ah Fileno?

(Sale Bermúdez.)

176

Bermúdez	¿Quién le llama?
Marqués	Don Pedro, ¿vos otra vez en esta cueva?
Bermúdez	Hame enviado Fileno a llamar, y a ver qué es a lo que aquí me llama en este instante llegué.
Marqués	A eso mismo vengo yo.
Bermúdez	Y como sé que sabéis la magia que os ha enseñado, también la quiero saber.
Marqués	¿Qué hace Fileno?
Bermúdez	Que ahora os saliese a entretener me pidió, en tanto que él sale.
Marqués	¿Quién os dijo que yo sé la magia?
Bermúdez	Ya sé que al Sol le turbáis la rubia tez, y que errando paralelos y líneas de rosicler, le hacéis que variando signos no pueda resplandecer; que vencido de la noche pida también al caer

en las sombras de Occidente
a los astros buen cuartel;
sé que podéis esta torre
trastornar, haciendo que
sea el cimiento remate,
y sea basa el chapitel;
agotar podéis al mar
la hermosa Luna, por quien
crece y mengua, que sereno
cuando había de llover;
ardiente el fuego extinguir,
los montes extremecer,
que estén conformes los vientos
constante el día, que esté
la sombra con resplandores,
la luz con amarillez,
y que este globo inferior,
pues está en el aire, dé,
de los vientos afilado,
un vaivén y otro vaivén.

Marqués   Nada puedo hacer que sea;
de todo esto puedo hacer
que aquello que ser no puede,
parezca a todos que lo es.

Bermúdez   Pues ni aun eso creo yo,
porque vos me hicisteis ser
incrédulo en estas cosas
de la magia.

Marqués   Mal hacéis;
mas dejando esta materia,
¿qué hay de vuestro amor?

Bermúdez	¿Sabéis que desde aquel feliz día que en esta cueva os dejé, fui en casa de don Alonso?
Marqués	Si eso es, no me lo contéis, que ya lo sé todo.
Bermúdez	Vos, ¿cómo lo podéis saber?
Marqués	Vos entrasteis en su casa, y a Carrasco hicisteis que os escondiera, por señas que le disteis...
Bermúdez	Así fue.
Marqués	Veinte escudos.
Bermúdez	Pero eso él os lo diría: sabed, que escondido en una pieza de su cuarto...
Marqués	Entró después don Alonso, y a Obregón mandó que cerrase.
Bermúdez	Así es; pero discurrir se pudo eso sin llegarlo a ver. Entró don Alonso...

Marqués

                                    Y vos
pudisteis desde un cancel
ver, que mudándose el traje
quedase en el de mujer;
salisteis a esta ocasión,
díjoos quien era, y después
la dijisteis vuestro amor.

Bermúdez

Loco me habéis de volver
de que sepáis un secreto
que yo solamente sé;
pero ya que por la magia
sabéis eso, no sabéis...

Marqués

¿Qué? decidlo.

Bermúdez

                        Que me ama y quiere.

Marqués

Eso es lo que yo no sé.

Bermúdez

Como la guarde secreto,
dijo, que he de merecer
su mano.

Marqués

            Quizá os engaña,
porque vos se le guardéis.

Bermúdez

Puede ser; mas decid, ¿cómo
lo sabré?

Marqués

                Yo os lo diré.
En casa de Serafina
ha de ir doña Juana.

Bermúdez	Pues ¿qué importa que vaya allá?
Marqués	Id allá, que allá sabréis...
Bermúdez	Decid, ¿qué?
Marqués	Si doña Juana os quiere.
Bermúdez	¿Luego creeré, habiendo dicho que me ama que me olvida?
Marqués	Puede ser; mujer que confiesa luego que quiere, no quiere bien. Pudo engañar doña Juana.
Bermúdez	Antes lo entiendo al revés; cuando una mujer confiesa que olvida, suele querer; pues cuando dice que quiere ¿por qué no la han de creer?
Marqués	Bien decís, pero en la cueva pienso que entraron.
Bermúdez	¿Quién es?

(Salen Cetina y Zambapalo.)

Zambapalo	Dos mágicos han llegado,

que por ciencia singular,
un buey han de hacer volar
echándole de un tejado.

Cetina   Señor, ¿vuecelencia es...

Marqués   ¡Oh amigos!

Zambapalo   Y amigos caros.

Cetina   Mucho me pesa de hallaros
en esta cueva, Marqués,
porque vos sois desgraciado
y me ha dado grande pena;
con ser Marqués de Villena,
cosas os han levantado
que oírlas nunca creí.

Marqués   Cuanto la envidia dirá,
¿qué importa, si sabe ya
la verdad que no es así?
¿Qué dicen por ahí?

Zambapalo   Está lleno
el lugarcillo menguado
de que a un esclavo has mandado,
que te haga gigote.

Marqués   Es bueno.

Cetina   Gigote o pastel en bote.

Marqués   ¿Ya me hacen gigote?

Zambapalo   Ya;
                    linda comida será
                    un Marques hecho gigote.

Cetina   Son duros, no hay quien los coma.

Marqués   ¿Qué más dicen del Marqués?

Zambapalo   Que le mandaste después
                    te meta en una redoma.

Marqués   El disparate en que han dado...

Zambapalo   Esto te estaba peor.

Marqués   Dí ¿por qué?

Zambapalo   Porque un señor
                    no es bien que sea redomado.

Marqués   Dí, ¿para qué?

Cetina   Para ser
                    inmortal.

Marqués   Que deso trates...
                    ¡Lo que cree de disparates
                    si el vulgo empieza a creer!
                    ¿Inmortal?

Zambapalo   Agora es ello;
                    dan en decir las mujeres...

Marqués   ¿Qué dicen?

Zambapalo   ¿Qué? que ver quieres
                      esto y estotro y aquello.
                      Dama que ve andar en pena
                      a su galán noche y día,
                      le dice: ¡Ay! Lo que quería
                      ver el Marqués de Villena.
                      Cuando un galán pasa ya
                      por lo que en el prado pasa,
                      y otro se esconde en la casa
                      donde gasta y donde da;
                      cuando es sombra el que es señor,
                      cuando a un cándido marido
                      le hacen creer que el vestido
                      se ha hecho de la labor;
                      cuando uno con bizarría
                      envía un regalo a quien ama,
                      y otro a quien quiere la dama
                      se come lo que él envía;
                      y él y ella a boca llena
                      bien y mascan a porfía,
                      dicen: ¡Ay! Lo que quería
                      ver el Marqués de Villena.
                      Señor, ¿no hemos de saber
                      qué quieres ver?

Marqués   Imagina,
                      que en casa de Serafina
                      sabrás lo que quiero ver.

Zambapalo   Pues allá tengo de ir
                      a verlo.

Cetina   Y yo he de ir allá.

184

(Sale Fileno.)

Fileno	Todos han venido ya, ahora es tiempo de salir.
Marqués	¿Fileno?
Fileno	Señor Marqués, vos seáis muy bien venido, muy puntual habéis sido. ¿Amigo Cetina?
Cetina	Pues.
Zambapalo	¿Cuánto va que hay otro espejo?
Fileno	Hoy la suerte se ha de echar, la puerta quiero cerrar.
Zambapalo	¿Para qué cerrará el viejo?

(Cierra.)

Fileno	Para lo que os supliqué que hoy a mi cueva vengáis...
Marqués	Decidme, ¿a qué nos llamáis?
Fileno	Escuchad y os lo diré; catorce años ha que errado en esta cueva asistís.
Bermúdez	Dónde un maestro, decís,

que la magia os ha enseñado,
que hasta ahora ninguno vio,
aunque con vos habitaba.

Fileno   Ese, cuando me enseñaba,
con condición me enseñó
esta ciencia no adquirida,
que aquí venís a aprender,
que su esclavo había de ser
como en la muerte en la vida,
y que de cuantos mi engaño
enseñase la magia,
un discípulo le había
de dar por feudo cada año,
y como faltar no puede
este paso...

Zambapalo   ¡Hay tal azar!

Fileno   Cada año se ha de sortear
uno que conmigo quede;
todos suertes han echado
para esta satisfacción
trece discípulos son
los que en trece años le he dado
y así, si hoy os conformáis
a obedecer lo que os digo,
uno ha de quedar conmigo
de los cuatro que aquí estáis;
hoy el plazo se llegó.

Cetina   ¿Para eso me habéis llamado?

Fileno   Ea, ¿de qué os habéis turbado?

186

Marqués	¿Aquí, quién se turba?
Zambapalo	Yo que en otra trampa he caído.
Bermúdez	Con este pacto no entré a esta cueva; ¿y yo por qué pacto en que no he convenido le he de cumplir ni pagar?
Marqués	¿Yo hice con vos pacto alguno?
Fileno	Aquí ha de quedarse uno o los cuatro han de quedar; y así no...
Marqués	Aunque me he admirado de lo que Fileno intenta, haga cada uno cuenta que él no será el desgraciado, que yo he de entrar el primero.
Bermúdez	Y yo os quiero acompañar.
Fileno	Estas cédulas echar en este cántaro quiero;

(Saca un cántaro negro, y echa Fileno cuatro cédulas.)

a ver las suertes llegad;
¿veis aquí, señor Marqués,
que escritas están las tres
y la otra en blanco?

(Enséñale las cédulas y échalas en el cántaro.)

Marqués   Es verdad.

Fileno   Ya están todas dentro.

Zambapalo   Amigo,
buena la hace el que quedare.

Fileno   El que la blanca sacare,
es el que queda conmigo;
todas juntas las revuelvo.

Zambapalo   ¿Oyes, Fileno?

Fileno   ¿Qué dices?
Ten piedad de tus narices;
ábreme, que luego vuelvo.

(Saca una cédula el Marqués, y cierra la mano.)

Marqués   Saco una.

Fileno   Ya bien podéis...

(Saca otra Bermúdez, y hace lo mesmo.)

Bermúdez   Saco otra.

Fileno   Cetina venga
hasta que cada uno tenga
la suya no la enseñéis.

Zambapalo   ¡Oh cueva de Salamanca!

(Saca Cetina.)

Cetina   ¡Oh si yo quedase franco!

Zambapalo   Pues ven, ¿no se queda en blanco
                     el que sacare la blanca?

(Llega a sacar Zambapalo.)

                     En esto va que me lleve
                     el diablo.

Fileno   Veamos los dos.

Zambapalo   ¡No tiene letras! por Dios
                     que es blanca como la nieve.

(Tiéntala sin verla.)

Cetina   Libre estoy, escrita es.

Zambapalo   ¡Oh, santa Marta bendita!
                     Esta también está escrita.

Bermúdez   Y esta.

Fileno   ¿Quién falta?

Zambapalo   El Marqués.

(Ahora enseñan todos las cédulas.)

Marqués	Yo la blanca saqué ahora.

Zambapalo	¿Qué me dices?

(Enseña la suya el Marqués, y está en blanco.)

Marqués	¿No lo ves?

Zambapalo	Dos mil años os gocéis con la cueva, mi señora.

Bermúdez	Otra vez se ha de sortear, Fileno, si dais licencia.

Marqués	¿Por qué?

Bermúdez	Porque vuecelencia, digo, que no ha de quedar en la cueva, o yo me quedo. Vaya otra vez.

Zambapalo	Contradigo la suerte.

Marqués	Don Pedro, amigo, yo sé que quedarme puedo; idos vos.

Bermúdez	Yo no me he de ir sin vos.

Zambapalo	¡Hay tan grande error! ¡Mirad, a un grande señor no se ha de contradecir,

                    y esa es poca urbanidad.

Marqués   Idos, que yo os buscaré.

Bermúdez   ¿Dónde os veré?

Marqués   En casa de
                     Serafina me esperad;
                     idos.

Bermúdez   Señor, advertid...

Marqués   La salida tengo cierta.

Bermúdez   Fileno, abridme la puerta,
                     que quiero salir.

(Abre la puerta Fileno.)

Fileno   Salid,
                     don Pedro.

Cetina   Yo iré con vos.

Zambapalo   Oyes, yo también iré
                     con entrambos.

Bermúdez   Sígueme.

Zambapalo   Adiós, señor amo.

Cetina   Adiós.

Zambapalo   Ahora el diablo se le lleva.

Fileno	Ea, salid.

(Cógele su amo del brazo.)

Marqués	Eso no.
	¿Pues he de quedarme yo
	sin un criado en la cueva?
Fileno	Dice muy bien, y esa ha sido
	vuestra obligación.
Cetina	Sí fue.
Zambapalo	Señor, yo te llamaré
	a otro, que yo me despido.
Fileno	Aquí no habéis de quedar,
	esa vuestra estancia es;
	ea, entrad, señor Marqués.
Marqués	(Mi sombra le he de dejar.)
Zambapalo	¡Bueno he quedado, ay de mí!
Fileno	Ahora os toca obedecer.
Marqués	El Sol he de escurecer,
	no me he de apartar de aquí
	a la noche semejante,
	vario el día quedará;
	ninguno conocerá
	propio ni ajeno semblante.

Fileno	Poco ese valor me asombra.
Marqués	Pues ea, llegad.
Zambapalo	¿Qué haré?
Fileno	Desta suerte os llevaré.
Marqués	Pues ahí queda mi sombra.

(Va el Mágico a abrazar al Marqués, y oscurécese el día con un velo, y por abrazar el Mágico al Marqués abraza a Zambapalo; salen por debajo de tierra diferentes animales con luces.)

Fileno	Venid.
Zambapalo	Que soy yo; iah traidores amos, oh amos malvados! En efeto, los criados son sombra de los señores.
Fileno	¡Ay, el Marqués me engañó! Vive mi pena inmortal, con la magia natural la diabólica burló. siendo yo quien la ha enseñado; infame conmigo ven, y al espíritu también que me gobierna ha burlado: su mucha ciencia me asombra, sígueme, así te castigo.

(Quiérele llevar.)

Zambapalo	Fileno, no andes conmigo, que yo tengo mala sombra.
Fileno	Más templar contigo creo mis iras como mi enojo, no lleve tan vil despojo quien pensó tan gran trofeo; Ea, vete.
Zambapalo	Santa Lucía, los ojos se me han quebrado.
Fileno	El día se ha cobrado, pues no me ha de ver el día ni más he de parecer donde ninguno me vea; la pálida sombra fea es la que me ha de valer.

(Húndese debajo de tierra.)

Infierno, ¿dónde te escondes?

Zambapalo   Ojalá que allá te fueses;
si hacen esto los marqueses,
miren qué harán los vizcondes.
¡Ay! por Dios, que ha amanecido.

(Vuelve a descubrirse el día, y hállase Zambapalo en casa de Serafina.)

En la calle estoy, y es esta
la casa de Serafina.
Entrar quiero dentro della.
¡Ah, Señora! ¡ah Serafina!

194

(Sale Serafina.)

Serafina   ¿Quién es? ¿quién llama?

(Sale doña Juana.)

Doña Juana   ¿Quién era?

Zambapalo   El demonio.

(Sale Cetina.)

Cetina   ¿Y el Marqués?

Zambapalo   Bercebú.

(Sale Bermúdez.)

Bermúdez   ¿Acónde se queda?

Zambapalo   El diablo se e ha llevado.

Cetina   ¿Pues no quedaba en la cueva?

Zambapalo   A mí me dejó a enfriar.

Serafina   Respóndeme, ¿dónde dejas
                      al Marqués?

(Sale el Marqués.)

Marqués   Aquí está ya,
                      no le busquer.

195

Serafina	Vuecelencia me cuesta un susto.
Doña Juana	Y a mí toda una vida me cuesta.
Marqués	Burlé al mágico Fileno, porque tiene tanta fuerza la natural magia, que la demoniaca mesma. Quedó burlada con ser espíritu quien la enseña.
Zambapalo	¡Ay!
Marqués	¿Qué has visto?
Zambapalo	Un amo en sombra, que no paga.
Cetina	Calla, bestia.
Marqués	Yo traigo una intercesión, que ha de ser antes que sepan a lo que vengo.
Serafina	Si es conmigo, daros quisiera el sí, primero que vos me mandéis que os obedezca.
Marqués	Que recibáis a Juliana que es fina criada vuestra

y se ha va ido de mí.

Serafina

Bien es menester que sea
tan grande el intercesor
para que a mi casa vuelva.
Quítate, Juliana, el manto,
conmigo otra vez te queda.

Julia

¡Qué noche por ti he pasado!
Dios te lo perdone.

Cetina

Y a ella.

Doña Juana

Ahora, señor Marqués
pregunto...

Serafina

Saber quisiera...

Doña Juana

A en casa de Serafina...

Serafina

¿A qué nos llamas?

Doña Juana

¿Qué intentas?

Marqués

Yo os he llamado a dos cosas.

Doña Juana

¿Cuáles son?

Marqués

Es la primera,
que don Pedro y don Alonso,
y que Serafina vean,
ella, un premio, un desengaño
don Pedro, y una fineza
don Alonso; pero es antes...

197

Bermúdez	Ea, declárate.
Marqués	Que sepan qué es lo que yo quiero ver.
Bermúdez	Eso es lo que ver desean todos los que están aquí.
Doña Juana	Esta novedad extrema.
Serafina	Descífranos este enigma.
Cetina	Tiempo para esotro queda.
Marqués	Pues todos me están atentos...
Doña Juana	Yo escucho.
Serafina	Yo estoy atenta.
Marqués	Esto es lo que quiero ver.
Cetina	Dilo pues.
Bermúdez	Prosigue.
Zambapalo	Empieza.
Marqués	Porque la magia he estudiado, y no por usar mal della, que el deseo de saber solo ha sido por saberla; piensa el mundo que me quiero

hacer inmortal, y piensa
que ver quiero raras cosas,
más por raras que por nuevas;
hay quien piense que ver quiero
que el mundo no lo parezca,
que estén los cetros sin brazo,
las coronas sin cabeza;
en lo desierto los hombres,
poblando imperios las fieras,
que sean los cielos discordes,
comunidades la tierra;
que reine la libertad,
y que a las familias nuestras
la necesidad intente
hacer doméstica guerra.
Engáñase la ignorancia,
saber por saber desea
el Marqués, como también
vivir por vivir quisiera;
no crea, pues, la malicia,
ni menos la envidia crea
que esto es lo que quería
ver el Marqués de Villena;
lo que yo quisiera ver
por novedad, es, que fuera
el amigo tan seguro
que fiársele pudiera
dama, hacienda, honor y vida;
pero he visto en esta era,
amigos, que retocados
a una sola destas piedras
no salen de aquel metal
que se imaginó que fueran;
que haya verdad en los hombres,

en la fe correspondencia,
atención al beneficio,
haya premio a la fineza;
que pueda el mérito más
que el favor, que no padezca
el mísero y abatido
lo que el poderoso yerra;
que deje de estar quejoso
el satisfecho, que exceda
el valor a la fortuna,
y que ella a la envidia venza;
que estén conformes los hombres
en la guerra, sin que atiendan
más que al servicio del rey
y no vanidades necias;
que aunque novedades, son
tales novedades estas,
que es esto lo que quería
ver el Marqués de Villena;
mas que la virtud se llame
hipocresía, que tenga
nombre de buen gusto el vicio,
la necesidad que sea
todo lisonjas, que llamen
al adulterio flaqueza,
regalo al soborno llamen,
a la traición llamen fuerza,
ingenio a la flojedad,
y a la cobardía estrella,
no es eso lo que quería
ver el Marqués de Villena,
lo que deseo ver es
que el puesto que se pretenda,
si la juventud le pide

que le alcance la experiencia;
que la ciencia y la ignorancia
no se igualen; que el que deja
que le echen toda la carga,
no se la echen toda entera
por la lealtad y el amor
conque la sufre y la lleva;
pero dejemos ahora...

Serafina   ¿Qué dices?

Marqués   Esta materia;
yo he venido a cuatro cosas
que quiero ver, que son estas:
vos me habéis dicho, señor
don Alonso, que quisierais
saber si os ha de querer
a quien queréis.

Doña Juana   ¿Quién lo niega?

Marqués   ¿Y vos, don Pedro, queréis
hacer la misma experiencia?
A vos, Señora, ofrecí...

Serafina   Que hoy mi esposo y dueño sea
a quien quiero.

Marqués   Vos queréis
a don Alonso.

Serafina   No fuera
firme amante quien agora
le negare esa fineza.

Marqués

Pues vos, don Alonso, dadla
la mano.

Doña Juana
(Aparte.)

(Yo creí, necia,
que el Marqués sabia quien soy;
pues me engaño, con la mesma
industria la he de engañar,
para vengarme siquiera
de que ella quiere al Marqués.)
Esta es, Serafina bella,
mi mano.

(Da doña Juana la mano a Serafina.)

Serafina

Y esta la mía.

Marqués

¿Estáis agora contenta,
Serafina, de tener
por dueño quien os merezca?

Serafina

Sí.

Marqués

Sabed que ésta es mujer.

Serafina

Vive el cielo, que esto fuera
para que yo misma a mí
me diera muerte sangrienta.

Doña Juana

Doña Juana de Madrid
soy.

Bermúdez

Y a mí me quiere.

Doña Juana	Espera, tan bueno es esotro engaño, porque aunque a mí me aborrezca, solo al Marqués he querido.
Serafina	¿Qué dices?
Doña Juana	Y ahora entra lo que ver quiere el Marqués.
Marqués	Dí, ¿cómo?
Doña Juana	Desta manera: yo, como veis, he estudiado en la ciudad y en la escuela, el primero fue mi ingenio; mas no estudiando la ciencia de aborrecer, porque amor tiró al ala y logró flechas. Yo pude errar en querer; pero no estoy yo tan ciego que he de amar aborrecida; porque la dama que ruega a quien de otra se ha prendado no hace más con las finezas de darle a la otra dama los méritos que tiene ella. Pues ahora que hay mujer de ingenio ta , tales prendas, que a los mayores sujetos de tan grande escuela exceda, que una cátedra consiga, que un amor tan firme venza,

que desde hoy quiere honestar
este error con esta enmienda,
esto es lo que quería
ver el Marqués de Villena.

Bermúdez   Pues esto también quería
ver el Marqués; y es, que sepas
que cuando te tuve amor
no pensé que a otro quisieras;
ahora que sé que a otro amaste,
y ahora que lo confiesas
no quiero yo para propia
la que pudo ser ajena.

Marqués   Pues que el amor me vengase
de quien me olvida y desprecia,
y que al que adoré como hombre
sea mujer que a mí me quiera,
esto es lo que quería
ver el Marqués de Villena.

Serafina   Corrida, viven los cielos,
quedo.

Zambapalo   Pues esta comedia...

Cetina   Sin casamiento...

Julia   Sin muerte...

Marqués   Hoy a vuestros pies presenta...

Doña Juana   Vuestro esclavo don Francisco...

Serafina	De Rojas..
Bermúdez	Que humilde os ruega
Doña Juana	Que le de s todos un vítor.
Marqués	Que si le consigue, piensa...
Todos	Que es esto lo que quería ver el Marqués de Villena.

Fin de la comedia

Libros a la carta

A la carta es un servicio especializado para

empresas,

librerías,

bibliotecas,

editoriales

y centros de enseñanza;

y permite confeccionar libros que, por su formato y concepción, sirven a los propósitos más específicos de estas instituciones.

Las empresas nos encargan ediciones personalizadas para marketing editorial o para regalos institucionales. Y los interesados solicitan, a título personal, ediciones antiguas, o no disponibles en el mercado; y las acompañan con notas y comentarios críticos.

Las ediciones tienen como apoyo un libro de estilo con todo tipo de referencias sobre los criterios de tratamiento tipográfico aplicados a nuestros libros que puede ser consultado en Linkgua-ediciones.com.

Linkgua edita por encargo diferentes versiones de una misma obra con distintos tratamientos ortotipográficos (actualizaciones de carácter divulgativo de un clásico, o versiones estrictamente fieles a la edición original de referencia). Este servicio de ediciones a la carta le permitirá, si usted se dedica a la enseñanza, tener una forma de hacer pública su interpretación de un texto y, sobre una versión digitalizada «base», usted podrá introducir interpretaciones del texto fuente. Es un tópico que los profesores denuncien en clase los desmanes de una edición, o vayan comentando errores de interpretación de un texto y esta es una solución útil a esa necesidad del mundo académico.

Asimismo publicamos de manera sistemática, en un mismo catálogo, tesis doctorales y actas de congresos académicos, que son distribuidas a través de nuestra Web.

El servicio de «Libros a la carta» funciona de dos formas.

1. Tenemos un fondo de libros digitalizados que usted puede personalizar en tiradas de al menos cinco ejemplares. Estas personalizaciones pueden ser de todo tipo: añadir notas de clase para uso de un grupo de estudiantes, introducir logos corporativos para uso con fines de marketing empresarial, etc. etc.

2. Buscamos libros descatalogados de otras editoriales y los reeditamos en tiradas cortas a petición de un cliente.

www.ingramcontent.com/pod-product-compliance
Lightning Source LLC
Chambersburg PA
CBHW031131090426
42738CB00008B/1041